新　潮　文　庫

検　事　失　格

市　川　寛　著

新　潮　社　版

10150

検事失格　目次

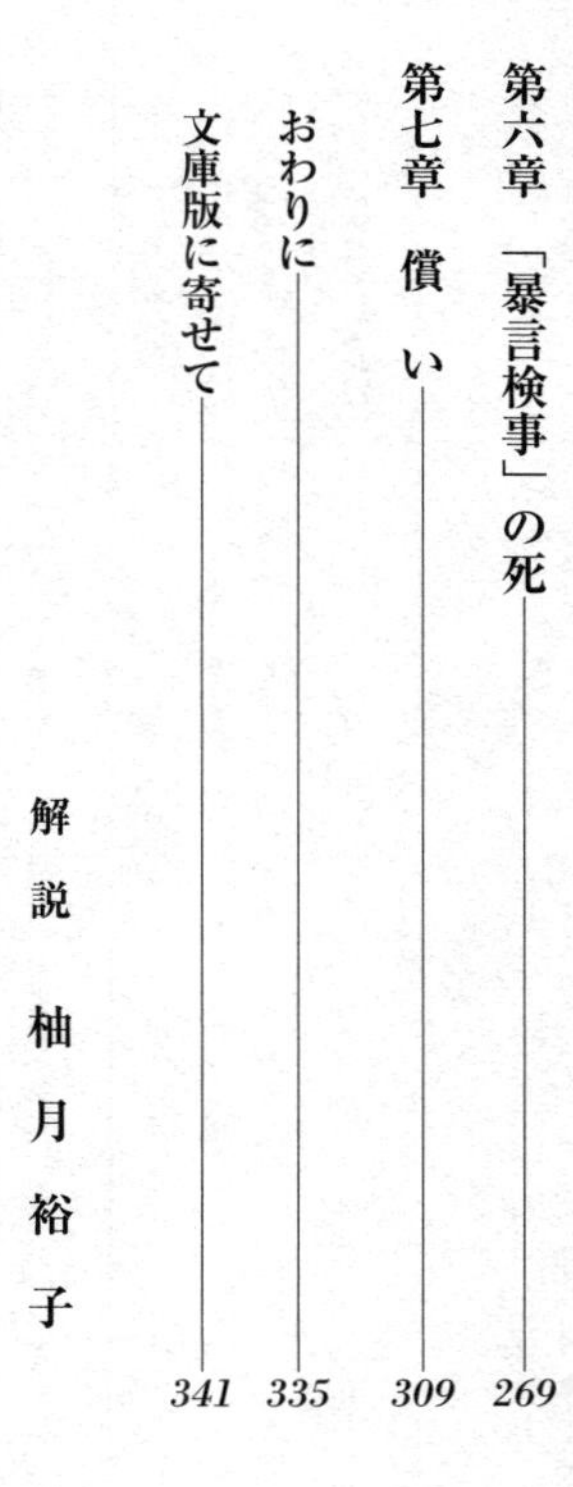

検事失格

はじめに

二〇一〇年九月二十一日。

この日、いわゆる厚生労働省元局長無罪事件の主任検事だった大阪地方検察庁特別捜査部の前田恒彦（つねひこ）検事が、証拠品のフロッピーディスクのデータを改竄（かいざん）したとして最高検察庁に証拠隠滅罪で逮捕された。

テレビには、前田検事が裁判所に入っていく姿が何度も何度も映しだされた。ほんの少し眉（まゆ）をいかめしくつり上げ、眼鏡の奥に見える切れ長の目。

周りにはテレビカメラマンや記者たちがいるはずなのに、その目はまったく動かず、ただ前の一点に固定されている。何かを見ているのではなく、とにかく視線を動かすまいと努めているかのような目つきだった。

「これは俺だ。あのころの俺だ」

前田検事を見て思わずつぶやいた。

僕もかつては検事だった。

そして、「あのころ」は間違いなく今テレビに映っている前田検事とまったく同じ表情、目つきをして歩いていた。前田検事の姿から目をそむけたかったが、その思いとは裏腹に、彼から目を離すことができなかった。

まばたきもせず彼の映像を見つめていた。

「あのころ」の僕を鏡で見ているようだった。

テレビからは前田検事逮捕のいきさつがとめどもなく流れていた。

耳ではそれを聞いていても、頭の中では「あのころ」の僕のことをテレビが語っているようにしか聞こえなかった。

「あのころ」。

そして「あのころ」に至るまでのことが、心の中の閉じられていた扉を開けていっぺんに押し流されてきた。

僕はテレビの前で、かつて歩んできた道のりをふたたびたどり始めていた。

第一章　検事への志

司法試験

一九八五年三月五日。この日は早稲田（わせだ）大学法学部の合格発表日だった。

急いで早大キャンパスに向かったが、結果は不合格。

僕の出身高校は進学校だったので、もし現役では失敗したとしても、一浪すれば多くの同窓生が有名な国立大学や私立大学へ進学する。

しかし、僕は一浪したにもかかわらず、合格したのはたった一校、中央大学法学部法律学科だけだった。中大進学が決まったこのとき、自分に対する悔しさのあまり、「俺はこんなものじゃない。絶対に司法試験に合格してやる」と誓った。

法律家になりたいという漠然とした思いは高校生のころからあったが、何がなんでもというほどではなかった。そんな僕が「絶対に司法試験に合格する」と誓ったのは、大学受験戦争に敗れた悔しさによるところが大きかった。

検事を目指した動機が不純だったといえばそのとおりだろう。だからこそ、僕は後の検事生活で手痛いしっぺ返しを受け続けることになったのかもしれない。

大学入学後、僕はすぐに司法試験受験サークルに入り、勉強を始めた。身を入れはじめたのは二年生の終わりごろからだった。サークルは中大きっての老舗（しにせ）で、志を同じくする学生が一室に集まって机を並べて分厚い教科書を読み、合格した先輩たちから講義を受けたり、答案を添削してもらうといった寺子屋式の勉強をしていた。

当時は「民法を制する者は司法試験を制す」といわれていたので、まずは民法の教科書を読み始めた。

ところが、これがさっぱりわからない。

登記？　抵当権？　債権譲渡？　それまでの生活で見たことも聞いたこともなかった言葉がちりばめられた教科書を眺めては「これは大変なことになった。俺は本当に受かるんだろうか」と頭を抱えてしまった。

そんな僕でも、題材が窃盗や暴行という自分でイメージできる犯罪ということもあって、民法と比べると刑法の教科書の中身の方が頭の中にすんなりと入ってきた。自然と刑法の方が好きになった。

その後検事になったのも、そもそも民法より刑法の勉強が楽しかったことが遠因だと思う。

大学一年生から司法試験の受験勉強をしていたが、「合格して何になるのか」という目標ははっきりしないままだった。

転機となったのは、大学三年生のときに入った犯罪学のゼミだった。

僕はこのゼミで指導教授の薫陶（くんとう）を受け、講義に積極的に出席するうちに、教授の持論である「ダイバージョン」という制度に興味を持った。

刑事手続きの中には、検事や裁判官が判断に迷う場面がたくさんある。

たとえば検事は「犯罪者を逮捕・勾留（こうりゅう）するかしないか」「起訴するとして、略式手続（罰金ですませる）か公判請求（正式裁判にかける）か」について決断を迫られる。

また、裁判官は「執行猶予（ゆうよ）にするか実刑にするか」「実刑にするとして何年刑務所に入れるか」の決断を迫られる。

検事や裁判官が刑事手続きの中で迫られる決断をひとくくりにすると「犯罪者を早く社会に復帰させる道を選ぶか、刑務所に入れる道を選ぶか」ということになる。

ここで、検事や裁判官が犯罪者を早期に社会に復帰させないという道を選ぶと、その犯罪者は世間から「あの人は逮捕された」「起訴された」「前科者だ」「刑務所帰りだ」という烙印（らくいん）を容赦なく押される。彼らが再び立ち直り、本当の意味で社会に復帰するためには大変な苦労を強いられる。そして、その苦労にめげてしまえば、ややもすると再び罪を犯してしまうだろう。

ダイバージョンは本来「迂回路（うかいろ）」という意味だが、検事や裁判官が判断に迷ったとき、犯罪者が世間からできるだけ烙印を押されないような手続きを選ぶことで、その社会復帰を助け、再犯を防ごうという一連の制度を指す。

刑事手続きが犯罪者を逮捕から刑務所まで連れて行く一本道の高速道路だとしたら、その間にある釈放、不起訴、罰金、執行猶予、仮釈放といったインターチェンジにあたるのがダイバージョンだとイメージしてもらえばいい。

僕はこのダイバージョンにとても魅力を感じた。そして、これを実践できる法律家は検事だけだと思った。捜査、起訴、公判、そして刑の執行と、刑事手続きのすべての場面に登場する役どころだからだ。

もちろん、弁護士も裁判官も刑事手続きにかかわるが、それは個々のポイントにすぎないと当時は思っていた。

検事こそが刑事事件の「揺りかごから墓場まで」に張りつく法律家なのだ。

こうして「自らの手でダイバージョンを実践したい」と願い、検事になろうと決めた。

今振り返ると、幼いころから自分の中にあった正義感も志望の原動力になっていたと思う。

僕が持っていた正義感とは「不公平なことが大嫌い」というものだった。

小学校を卒業するころまでは病弱だったので、どちらかといえばいじめられっ子だった。だから、弱いものいじめやえこひいきといった不公平にはとても敏感だった。

刑事訴訟法の勉強をしているうちに、検事は不偏不党で公正であるというイメージもわいてきたので、そんな検事になりたいと強く願った。

大学三年生だった一九八七年から大学を卒業した翌年の一九九〇年まで司法試験を受け続け、四回目でようやく合格した。

その年の論文式試験の合格発表を霞が関の法務省に見に行ったとき、「市川寛」という名前が目に飛び込んできたのを今でもはっきり覚えている。

当時の司法試験は七科目あって、最後の関門は口述試験だった。

僕は犯罪学のゼミに入っていたので、選択科目の中から「刑事政策」を選んで受験したが、最終合格したときの口述試験では、なんとゼミの指導教授の質問を受けるという幸運を得た。小部屋に入るなり、教授が座っているのに気づいて「あっ」と声を出しそうになったが、教授は僕が誰だかまるで知らないかのようなポーカーフェイスで淡々と質問してくれた。

口述試験では他にも著名な法学者からの質問を受けて嬉しかったが、なんと言っても指導教授から最後の稽古をつけてもらったのが一番の思い出だ。

司法試験に合格した後、僕は、同じタイミングで合格した受験サークルの先輩と一緒に最高裁判所で司法修習生に採用されるための手続きをした。

その後「せっかくここまで来たのだから、裁判を傍聴して帰ろう」ということになった。法律家を目指していながら、このときまで裁判を傍聴した経験がなかったのだ。

先輩と共に東京高等裁判所・東京地方裁判所が入っている建物に行き、東京高裁の刑事裁判を傍聴することにしたが、法廷に入った僕には、両側の机に座っている人たちのどちらが検事でどちらが弁護士なのかもわからない。

呆然と眺めているうちに、法壇の隣にあるドアが開いて、セーターを着た男性が制服を着た二人の男たちと一緒に入ってきた。セーターの男は被告人で、制服を着た二人は拘置所の職員である。

被告人が両手に手錠をはめられ、さらに腰縄をつけられて法廷に入ってきたのに目を見開いた。

「なんだこれは。まるで囚人じゃないか」

試験勉強で得た貧しい知識によれば、有罪判決が宣告される（さらには確定する）まではあくまで無罪として扱われなければならないという「無罪推定の原則」がある。しかしながら、目の前にいる被告人は手錠に腰縄。誰が見ても犯罪者だと思う出で立ちだった。

後に検事になり、手錠と腰縄は被告人が法廷から逃げたり、あるいは周りの人に乱暴するのを防ぐための措置だと理解するのだが、身柄を拘束された被告人を初めて見たときに感じた痛々しさは今でも忘れられない。

囚人同然の扱いをされていた彼の姿は僕がその後に何度も体験する「机上で学んだことと実務との厳然たる乖離」の第一撃だった。

やがて、僕は次第にこうした乖離をそもそも乖離とすら感じないようになってゆく。

司法修習生

一九九一年四月、僕は第四十五期司法修習生の一人として当時湯島（東京都文京区）にあった司法研修所に赴いた。この日は快晴で、とても暖かだった。

「期」とは、司法試験合格者たちにとっての入学年度のようなものである。

法律家の世界では「期」が常につきまとう。

たとえば法廷で間の抜けた尋問をした検事は、裁判官や弁護士から「あの検事は何期だ？」とあきれられるし、検察庁内部でも、できの悪い調書を読まされた検事は「この調書をとった奴（やつ）は何期だ」と憤慨するのだ。

第四十五期司法修習生は総勢五百六人で、十クラスに分かれていた。僕は六組で、このクラスは五十一人、うち女性は七人だった。

司法研修所では、民事裁判、刑事裁判、民事弁護、刑事弁護、検察の五科目を教わる。クラスにはこの五科目の担任教官がいる。

入所式の後、六組の教室で五人の教官と初顔合わせとなったが、検察教官は苦虫をかみつぶしたような顔をしていた。

僕は「これが検事の顔なのだ」と勝手に納得した。

研修所の初日は、教官と修習生の全員で自己紹介をするのが慣例になっている。他の四科目の教官が多弁だったのに対し、検察教官の自己紹介の言葉は少なく感じられ、これについても検事の「物言わぬ凄み」として受け取った。

そして前期修習が始まった。

当時の司法修習は二年間だったが、一年目の四月から七月半ばまでが前期修習、七月半ばから二年目の十一月半ばごろまでのおよそ一年四か月間は修習生が全国に分散配属されての実務修習、十一月半ばごろから翌年三月までが再び研修所に戻っての後期修習というプログラムだった。

前期修習では、右記五科目について、法的知識のさらなる応用についての講義を受け、裁判官、検事、弁護士が実務で作成する書類の書き方のイロハを教わる。

法律家は、判決書（裁判官）、起訴状・不起訴裁定書（検事）、訴状・答弁書・準備書面・弁論要旨（弁護士）といった多くの文書を作成する。一連の文書を作成することを「起案する」という。子供じみてはいたが、僕はこの「起案」という言葉を口にしながら、「実務家のはしくれになりつつあるんだ」と嬉しくなった。

当時の司法試験はあくまで基本的な法律知識と理解力を問うだけのものだったので、たとえば刑法の論文式試験の問題文には「ＡはＢを殺害しようと思って云々」とはっきり書かれていた。

しかし、実務レベルで問題とされるのは、本当にＡがＢを殺害しようと思っていたかどうか、すなわち事実認定である。

事実認定は民事、刑事を問わず証拠によって行わなければならない。前期修習で重点が置かれていたのは、事実認定をどのように行うかについての教育だった。

今でも忘れられないのが刑事裁判の初めての起案だ。

「窃盗罪が認められるかどうか」という問題だった。

問題は真っ白な表紙の一冊の本になっていて、これを「白表紙」と呼んでいた。ちなみに、研修所で使う教科書もすべて味も素っ気もない真っ白な表紙で、これらも「白表紙」と呼ばれていた。

初めての刑事裁判の白表紙の中身をごくかいつまんで説明すると、午前十時にある店で商品が盗まれ、同日の夕方ごろ、その店から近いところで、盗品を持っていた者が警察官に窃盗罪の犯人として逮捕され、そのまま起訴されたというものだった。

被告人は一貫して「盗んでいません」と否認（捜査段階や公判段階で、逮捕や起訴された事実を否定すること）し続けているが、「警察官に見つかる少し前、捕まった場所で、友人から商品を転売してくれと言われて受け取った」と話している、という具合だ。

僕は迷わず「目撃者もいない。窃盗の自白もない。この被告人はたしかに怪しいが、自白もないのにこれだけの証拠で窃盗罪を問うのはとんでもない」と考えて、窃盗罪は成立しないと起案した。

ところが、実務上の「正解（この表現にやや問題があるのは承知しているが、あえてこう言っておく）」としては、これで窃盗罪になるのだ。被害があってから近い時間に、しかも被害のあった場所から近い場所で、盗品を持っていた事実が認められるからには、その被告人の弁解がよほど納得のいくものでない限り、窃盗罪が認められるというのがこれまで積み上げられてきた判例なのだ。

僕は、ずいぶんいい加減な論法で有罪にしているのだな、と驚いた。

刑事裁判では、どういうわけか無罪判決を書く機会がまったくなく、有り体に言うと「証拠が完全でなくても、めげることなく果敢に有罪を認定する力」を養うのがこの科目の目的とさえ感じられた。修習生が無罪判決を書いてもいいが、それは「正解」とはされなかった。

うがった見方かもしれないが、修習生時代から「できるだけ有罪にする」訓練を積まされていることこそが、刑事裁判官が無罪判決を出しにくいことの下地となっているのではないだろうか。

さて、検察の起案や講義の話に移ろう。

僕たちのクラスの検察教官もそうだったが、当時の検察教官の多くは特捜部出身者だった。昨日まで司法試験受験生だったこちらとしては「へえ、この人は特捜検事だったんだ」と恐れ入ってしまうのだが、修習の中身は特捜部の仕事とはまったく関係なかった。

教官が特捜部出身者で占められていた理由についてはよくわからない。当時は検事志望者がとても少なかったので、特捜部に憧れる素朴な修習生を検事に引っ張りたかったからなのか、あるいは研修所の教官が「出世コース」の一つだったからなのか。

検察の講義では「証拠検討の順序として、自白を最初に考えてはいけない。客観的証拠の検討が先だ」と何度も教わった。起案で起訴の理由を書くときにいきなり「被疑者の自白は……」などと書きはじめると大目玉を食らう。

ところが、いざ検事になると、これが一八〇度ひっくり返るような目に遭うのだから、検察庁の建前と本音の差は大きい。

講義中、時折衝撃を受けた。

たとえば教官は「実務に教唆なし」と言い切る。

教唆とは「そそのかす」という意味で、刑法では、他人に犯罪を働くようにそそのかした者は「教唆犯」とされると定められているが、検察実務ではそのような者を

「共同正犯」として起訴してしまうのだ。

「それじゃ、教唆犯の条文はなんのためにあるんだ？」と首をかしげたが、教唆犯になるくらいなら、「共謀共同正犯（自分は犯罪を実行していなくても、実行者とその犯罪を行うことを相談すれば、実行者と同等に扱われる）」として起訴できるというのが検察実務なのだ。実際に、僕の検事時代を通して、教唆犯として起訴した経験も、教唆犯の起訴状を目にしたことも一度もなかった。

あるいは教官が「やくざに動機なし」と言い切る。

やくざの抗争においては、殺人などの凶悪犯罪が起きるが、彼らは僕たちがうかがい知ることのできない独特の掟（おきて）のある世界に身を置いているので、本当の動機など述べるはずがない。言えば自分の身が危なくなるかもしれないのだ。だから、組ややくざの世界の掟に従った動機しかしゃべらない。ややもすると真犯人でない者が「私がやりました」と身代わりに出頭してくるのがやくざがらみの事件だ。

つまり、教官の言おうとしたところは「やくざに本当の動機を尋ねても意味がない」といったところだろう。僕はこう解釈している。

昨日まで司法試験受験生にすぎなかった僕にはいずれも恐ろしい話だった。

それでも、検事になった後の経験に比べれば、教官から教わった話などかわいいもので、納得まではできなかったものの「そうか、それが検察実務なのか」と思っただけで、検事志望を曲げることはなかった。

前期修習中はクラスでのコンパを何度もやった。自然と話題になるのが「将来は何になりたいか」だった。

僕はいつも検事志望だと公言していたが、同級生から「そんなことを言うと本当に検察教官から引っ張られるぞ。検察は勧誘が激しいから」と冷やかされたりした。検察のスカウトのしつこさはすでに耳にしていた。

少しでもなりたいようなそぶりを見せると、実務修習先の検察庁のヒラ検事はもちろん、幹部クラスまでが出てきてやたらと飲み食いをさせたとか、検察教官が何度も実務修習地に通って修習生を口説き落としたとか、そんなエピソードに事欠かない時代だった。

内心は検事志望だったり「検事も悪くないな」と思っていたりしても、うかつにそれを口にしてしまうと逃げ道を失う。だから検事志望を口にするのは慎重にせよ、という風潮が修習生の中にもあった。四月時点で検事志望だと公言していた僕は同級生から少しばかり珍しがられた。

七月に書いた前期修習最後の検察起案が教官に添削されて戻ってくると、最後のページに教官の大きな字で「実務修習での大成を期待している」と書かれており、とても嬉しかった。同時に実務修習への闘志が燃えた。

後に改めて書くが、検事になった後にくじけそうになったときにも、教官は僕の気質を見抜いていたのか、大変ありがたい言葉をかけてくれた。

教官には今でも恩義を感じているし、彼が本当に僕に何かしら期待してくれていたのだとしたら、それを途方もない形で裏切ってしまったことを申し訳なく思っている。

実務修習

一九九一年七月から実務修習が始まった。民事裁判（四か月間）、刑事裁判（四か月間）、民事弁護、刑事弁護（合わせて四か月間）、検察（四か月間）の五科目を学ぶのである。

僕は高松（香川県）に配属された。高松配属の修習生は八人だった。

実務修習は検察から始まった。前期修習の最後に教官からありがたい言葉を頂いて送り出してもらった僕は、意気込んでいた。

検察庁での実務修習では、修習生指導担当の検事がつきっきりで面倒を見てくれる。

僕たちの指導担当検事はとても温厚でにこやかな人で、私生活上の悩みごとまで相談できた。こんな指導担当検事に恵まれて本当に幸せだったと思う。

検察修習の目玉は、なんといっても実際の取調べだ。言うまでもなく、修習生全員にとって生まれて初めての経験である。

前期修習では取調べについての講義はまったくなかった。僕は「いったい何を話せばいいんだろう。悪質な犯罪者に当たったらどうしよう」と恐ろしくてしようがなかった。

そんな修習生に配慮したのだろうか。検察修習が始まってすぐに、ベテラン副検事が取調べの要領について講義してくれた。

この講義上、講師の副検事が「被疑者を取り調べるときは、被疑者が有罪だと確信して取り調べるように」と断言したので、僕は頭を殴られたくらいにショックを受けた。

「取り調べる前からどうして有罪だと確信できるんだ？　それに、そもそも被疑者はあくまで無罪だと推定されるはずじゃないか。何を言ってるんだ、この人は」

唖然（あぜん）とした。

今、僕がこの副検事に代わって講義するとしたら、次のように述べるつもりだ。

ほとんどの場合、検事が被疑者を取り調べるのは捜査の最終段階である。圧倒的多数の事件ではその前に警察官の取調べがなされているし、その他の捜査もすんでいて、一応の証拠が集まっているはずだ。このような捜査の最終段階で、あらかじめ証拠を慎重に検討した上で、被疑者を起訴すべきか、起訴するとして公判請求か略式手続にすべきか、あるいは求刑はどのくらいにするかといった多くのポイントについて、大筋で見通しをつけておかなければならない。

その際にこうした見通しが立っていないとすれば、他の証拠が十分に集まっていない、すなわち事前の捜査が不十分だからだ。被疑者を取り調べる前に一応の見通しを立てられるくらいには十分な捜査をし、証拠を見極め、仮に証拠が十分なら「この被疑者は起訴するしかない」、すなわち有罪だと見当をつけて取調べに臨むのが検事の本来あるべき姿である。

もちろん、見通しはあくまで見通しにすぎない。

そのため、いざ被疑者を取り調べたときにもっともな弁解が得られたら、見通しは修正されなければならず、さらに捜査を続行すべきで、その結果によっては不起訴もあり得る。見通しに固執してもいけないのだ。

これは、その後の検事生活を通じて体得した自分なりの職業観だが、例の副検事はこうした中身を全部省略して講義してしまったため、修習生を呆然とさせてしまったのではないだろうか。

いずれにせよ、講義を受けた当時の僕には、取調べがどういったものかまったくわからなかったため、副検事の言葉に「あり得ない！」と心中で叫んだくらいに衝撃を受けた。

いざ修習生たちに事件記録が配られると、指導担当検事が「すぐに被疑者を取り調べていいのか、ちゃんと考えるように」と釘(くぎ)を刺してくれた。そもそも証拠が十分かどうかをきちんと検討せよという指示だ。

ところが、生の事件記録は研修所の白表紙とは大違いで、警察官の手書きの調書が達筆すぎて読めなかったり、生まれて初めての土地である高松の方言で調書がとられていたため言葉の意味がわからなかったりと、証拠の検討以前の難問だらけだった。

それでも、指導担当検事が穏やかに「わからないことはなんでも聞いてね」と言ってくれたので、僕たち修習生は遠慮なく尋ねることができた。検事はどんな質問にも優しく答えてくれた。

検察修習で最も辛(つら)かったのは取調べではない。

被疑者にせよ、参考人にせよ、取調べを行った後はその結果を供述調書としてまとめなければならない。ちなみに、検察庁では調書を作成することを「調書をとる」または「調書をまく」という。

刑事訴訟法には取調べを行うごとに必ず調書をとらなければならないとは定められていないが、僕たち修習生は、その日に取り調べた人の調書をできるだけ当日のうちにとるように指示されていた。

調書をとるのには取調べの何倍も労力がいる。これは正式に検事になってからも変わらない。

取り調べる側と取り調べられる側が問答をすることで、自ずと何らかの結論が見えてくる。だが、取調べが終わったその場で調書をとるのは、頭が破裂しそうなくらいに大変だ。

調書は取調べでの問答をそのまま録音したかのようにとるものではない。「私は平成××年〇月×日、高松市内の道路で、Xさんの顔をげんこつで一回殴りました」と独白する形でとらなければならないのだ。

当時の僕は、取調べを行った人の目の前で、できるだけ速く、独白体で文章を紡ぎ出さなければならないことの難しさに苦慮していた。

検事が供述調書をとるときは、供述人がいる前で、検察事務官に向かい、「私は、平成××年○月×日△時ごろ、○○市にあるXさんの家の玄関から忍び込み、タンスの中から現金一万円を盗みました」などとひとり語りをし、事務官がその言葉を調書にしていく。このようなやり方を「面前口授(くじゅ)」と呼ぶ。

修習生だった時期は、たとえ取調べが一時間ですんだとしても、調書を面前口授でとるのには間違いなく三時間はかかった。取調べ中に「これは大事だ」と思った供述はきちんとメモしていたが、いざ面前口授に臨むと、それを見てもまともな文章を口にすることができなかったのだ。

ところで、検事は常に複数の事件を同時に抱えているものだが、事件を呼ぶときはその事件の被疑者の名前で言う。

看護師が患者の名前を呼んでカルテを出すように、検事や事務官は被疑者の名前で事件を記憶している。病院との大きな違いは、検察庁では被疑者を呼び捨てにするところだ。どんな病院でも、医師や看護師が患者の名前を呼び捨てにしている場面には遭遇しないはずだ。だが、検察庁では検事が事務官に「ちょっと、強盗の市川の記録を見せてくれ」などと平気で言う。

僕は、高松で指導担当検事が被疑者を呼び捨てにしているのを聞いてまたショックを受けた。

繰り返しになるが、司法試験受験生時代に「被疑者はあくまで無罪だと推定される」と学んできた。それなのに「強盗の市川ね。どうしようかねえ」と検事が平然と言っているのは、少なくとも検察修習の初めは耳に心地よくはなかった。

ところが、四か月の検察修習の間に、僕もいつの間にか「強盗の市川」となんの抵抗もなく口にするようになっていた。

受験生から一歩ずつ、確実に検事に近づいていたのだ。

後期修習

一九九二年十一月、全国で実務修習を終えた修習生たちが再び司法研修所に集められた。総仕上げの後期修習が始まった。

後期修習で、僕のクラスの五十一人のうち五人が検事任官志望者だと確定した。第四十五期修習生五百六人のうち検事志望者は総勢四十九人だった。ちょうど一割ほどが検事に任官されることになる。

年が明けた九三年一月になると、検察教官が検事志望者たちに「新任地はどこにするか」と尋ねてきた。当時は東京、大阪、名古屋、札幌、横浜といった大規模地検に分散させて任官する時代だった。

圧倒的に人気があったのは東京だ。検察庁の総本山でもあり、特捜部も有しているので、まず頭に浮かぶ任地が東京なのは無理もない。

僕はあえて横浜地検を希望した。高松地検にいた若手検事がたまたま横浜新任で「横浜はいいよ」と勧めてもらったことと、神奈川県出身の僕にとっては土地勘があるので仕事がしやすいのではないかと思った。

しかし、実は最大の志望理由は「みんなが行く東京になんか行きたくねぇ」というへそ曲がり根性だった。僕はどうしても他人の振る舞いが気になってしまう性格なので、なまじ同期がたくさんいると卑（いや）しい競争心が芽生えてしまうことを恐れたということもある。司法試験に合格したからには、もう他人との競争はうんざりだと思っていたので、冷静さを保つためにライバルが視界に入らない環境が欲しかった。

結局、横浜地検で検事生活を始めたのは僕ともう一人の二人きりだった。

後期修習の終わりごろ、検事になる予定の仲間と飲んでいた席上で「検事に向いているのはどんな人か」という話題になった。

誰かが実務修習地の検事の話として、「（司法試験での）刑事訴訟法選択者より民事訴訟法選択者の方が検事に向いているらしい」と言い出した。ちなみに、当時の司法試験では、訴訟法を両方受験する必要がなかった。

僕が「なんで？　逆じゃないの？」と尋ねると、とんでもない言葉が飛び出した。

「刑訴選択者はなまじ人権感覚があるからだって」

悪い冗談にしか聞こえなかった。

たしかに、僕が検察実務で少なからず衝撃を受けたのは、受験生時代に刑事訴訟法の勉強で学んだ無罪推定の原則が根底にあったからだ。だが、それを知らない民事訴訟法選択者には「人権感覚がない」から検事向きだというのは悪質な物言いにもほどがある。

その場では笑っておいたが、「さあ、検事になるぞ」と意気込んでいる矢先に、後味の悪い話だった。

法務省での面接

二月になると研修所の卒業試験である「二回試験」（二回目の司法試験という意味の通

称である）が始まった。修習の五科目に「教養」という純粋な論説文を書く一科目を加えた六科目だ。

当時は、五百人を超える修習生のうちで落第するのはせいぜい一人か二人というおおらかな時代だったが、それゆえに「万が一にも落ちたらたまらない」というプレッシャーがかかり、試験の直前はまさに二回目の司法試験のように猛勉強をした。

裁判官、検事志望者は二回試験に落第したら任官できないので、さらに圧迫感が強かった。二回試験に合格したときは嬉しさより安堵感の方がずっと大きかった。

その後四十九人の検事任官予定者が法務省に集められ、検察庁の次長検事、法務省人事課長などの幹部による面接を受けた。

この面接は試験ではなく、今考えてもなんのためだったのかよくわからない。二回試験に合格し、これで間違いなく検事になれると小躍りしていた時期だったから、印象が薄い面接だが、一つだけはっきり覚えている出来事がある。法務省人事課長から「将来はどういう方向に進みたいと思っているかね」と尋ねられたときの会話だ。

ほんの一瞬「そちら側に座るのが目標です」という冗談が頭をよぎったが、ばかなことで目立ってもしようがないと思い直し「刑事政策全般にかかわれるようになりたいです」と司法試験受験生時代以来の本心を答えた。

人事課長は「うん。たしかに検事にはそういう使命もあるんだよ」と満足そうに話を継いだ。

その後、人事課長が四十九人全員を前にして述べた言葉についてもよく覚えている。

曰(いわ)く「検事は国家に仕える法律家だ」。

この言葉を聞いて身が引き締まった。「そうだ、俺は国のために尽くすんだ」と軽薄な決心をした。検事になれるというだけで浮かれていたのだ。

第二章　「検事」への改造

「やくざと外国人に人権はない」

一九九三年四月五日。

僕は意気揚々と横浜地検に初登庁した。

当時の横浜地検の検事正（地検のトップ）、次席検事（地検のナンバー2）はロッキード事件の捜査にかかわった人たちだった。

横浜地検は「部制庁」の一つである。部制庁とは、検察官の数が多い庁で採用されているシステムで、専ら捜査をする刑事部、公安部（今は多くの地検で特別刑事部に名称変更されている）、交通部と、捜査をせず法廷活動をする公判部とに分かれている地検のことを指す。新任検事は必ず部制庁に配属され、刑事部や公判部を回らせみっちり教育されるのだ。

僕たち二人の新任検事は、四月から九月までの半年間刑事部に、十月から二月まで公判部に、最後の三月は交通部に配属されることになっていた。実際には、刑事部配属の期間はさらに一か月延びた。

部を回る順番はまだしも、刑事部で半年以上過ごさせたこと自体に当時の検察庁の風土が表れていた。あくまで検事の仕事の中心は捜査で、公判は二の次なのだ。ロッキード事件の捜査で手柄を挙げた検事が横浜地検の検事正と次席だった時代だから、ごく自然に生まれた考えだったのかもしれない。ちなみに、刑事部長も東京地検特捜部で長らく特捜検事を務めた猛者(もさ)だった。

僕たち新任は、今も忘れない五階五〇一号室の「暴力係」検事の部屋で捜査について教育を受けた。

検察庁には「係検事」という制度があって、たとえば財政経済係は脱税事件を、麻薬係は覚せい剤や大麻関係の事件を、外事係は外国人事件を、少年係は少年事件を、そして暴力係は暴力団関係事件を主に担当する。

つまり、我々新任は、やくざが頻繁に出入りする部屋で教育を受けはじめたわけだ。気の小さい僕は「恐ろしいことになった」と思った。

指導担当検事は大ベテランでとても面倒見のいい人だったが、修習生時代とは違い、こちらが失敗をしたときは容赦なく叱(しか)った。もう修習生の検事ごっこではなく本物の検事なのだから、甘ったれたことは許されないのだ。

検事になって初めての事件は身柄事件（被疑者が勾留されている事件）だった。しかも被疑者が数人いる強盗など物騒な罪名のものだった。修習では在宅事件（被疑者が勾留されていない事件）を不起訴にしてばかりいたので、これだけで震え上がってしまった。

被疑者が数人、被害者ら参考人もさらに数人という大事件なので、事件記録の厚みは三十センチくらいあった。修習生時代には一センチかせいぜい三センチくらいの薄い記録しか読んだことがなかったから、「これが本職の仕事なのか」といきなりノックアウトされてしまった。

身柄事件であり、この分厚い事件記録をどんなに長くても二十日以内でものにして、数人の被疑者の処分を決めなければならない。刑事訴訟法の定めにより、被疑者の勾留は最長でも二十日間、検事はその間に起訴か否かを決める必要がある。夜遅くまで事件記録と悪戦苦闘するはめになった。そして、これが検事のごく普通の姿なのである。

最初の事件だけは二人の新任で一緒にやることになっていたが、それがなんの救いになるわけでもなく、僕たちは半べそをかきながら記録読みに追われた。

手慣れた検事なら記録読みはせいぜい一日ですませ、どんな証拠がさらに必要かを見極められる。警察に補充捜査を依頼し、自分で取り調べることができる参考人を次々と呼び出して調書をとっていく。そうしないと、最長二十日間の勾留期間のうちに処分を決められない。

だが、つい昨日までのんべんだらりと修習生活をしていた僕は、三十センチもの事件記録を読むだけで三日もかけてしまった。三日かけても、一通り目を通せただけで何が問題点なのかさっぱりわからない。読み終えたときは初めのページに何が書かれていたか忘れているという体たらくだった。

こんなときは指導担当検事にどんどん質問して指示を仰がないと、とにかく時間だけが過ぎていってしまう。僕も同期も泡を食って「これはどういう意味なんでしょうか」「どうすればいいんでしょうか」と矢継早に質問した。

本来、検察庁では「どうすればいいんでしょうか」という質問はご法度だ。「〇〇の点については、××のようにしたいと考えていますが、よろしいでしょうか」と自分の意見や方針を示した上で質問に臨まないと「ふざけるな」と怒鳴られる。プロなのだから当たり前だ。

新任には右も左もわからないから、特例扱いとして「お子様質問」も許されたのだろう。意見を持とうにも、何がどうなっているのかまるでわからないのだからどうしようもなかった。

曲がりなりにも二年間、うち四か月間は検察庁の現場で修習を受けてきたというのにこの有り様だ。修習は実務のまねごとにすぎず、高松地検でもショウルームを見学しただけだったと痛感した。

僕の最初の失敗は、初めてこの事件の被疑者を取り調べたとき、「あなたには黙秘権がある」と告げるのを忘れてしまったことだ。

黙秘権があると告げずに被疑者を取り調べるのは違法である。まさに大失態だ。実務修習では、指導担当検事が黙秘権があると告げた後に取調べをやっていたので、自分で行うという意識がなかったのだ。

取調べを終えた後にこの失敗に気づいた僕は、血相を変えて、指導担当検事に相談した。指導担当検事は慌（あわ）てることも騒ぐこともなく、「警察でも黙秘権告知をしているから、まぁいいだろう。だが二度とやっちゃいけない」と救いの言葉をかけてくれたので、胸をなで下ろした。

初めての事件をなんとか処分した後、指導担当検事に「二年間の修習で学んだことが、たったの二十日間で全部消し飛んでしまったような気がしました」と口にした。

脇目（わきめ）もふらずに二十日間全力疾走して、どっと疲れを感じた。身柄事件はこんなに大変なものなんだという心構えを持つには、十分すぎるほどの洗礼だった。

その後は新任一人に一件の事件がくるようになった。いずれも身柄事件だ。同時に複数の事件は担当しなかった。新任がつぶれないよう、横浜地検は十二分に手加減してくれていたのだ。一人前の検事になると、常に二けたの身柄事件を抱えているのが当たり前になる。

ただし、一件ずつの割り当てであってもすべて身柄事件だったから、僕はいつも慌てていた。

指導担当検事が暴力係なので、被疑者がやくざの事件が回ってくる。罪名は恐喝未遂だ。

取り調べの際、とんだ恥をかかされた。被疑者から「検事さん、記録読んでるの？そんなの全部そこに書いてありますよ」と僕の横に置かれた事件記録をあごで示しながら、ぶっきらぼうに言い返されたのだ。

言葉に詰まってしまった。記録を読んではいたものの、中身が全く頭に入っていなかった。被疑者から「記録をよく読みなさい」と諭されてしまったのだから、穴があったら入りたい気持ちになった。

また、数人の被疑者によるゲーム機賭博事件を担当したときもこんな失敗をした。同事件では、被疑者の一人が「私が経営者です。ほかの連中は私が雇ったアルバイトなので許してあげてください」と供述した。僕は「主犯格がこう自白しているんだから、他の被疑者を勾留する必要はない」と早合点して、高齢者だった一人を十日間の勾留期間満了前に釈放した（刑事訴訟法では、被疑者の勾留はまず十日間認められ、やむを得ない場合にさらに十日間まで延長できると定められている）。

十日間の勾留が認められても、検事は勾留の必要がないと考えればいつでも被疑者を釈放できる。刑事訴訟法に十日間勾留「せねばならない」という定めはないのだ。

僕が釈放するよう指示すると、警察の捜査担当者は「ええっ？　まだ〇日目ですよ」と驚いた。

僕の方は「早期釈放こそダイバージョンの一環だ。俺はこういうことをするために検事になったんだ」と達成感に満ちあふれていた。

ところが、その後の捜査の結果、釈放した被疑者がこの一味のナンバー2だったことがわかり、重要な地位にいる被疑者を釈放してしまったことで、警察に平謝りすることになった。被疑者たちにまんまとだまされたのだった。

とはいえ、このころまでの僕は、毎日何かしらの失敗をしながらも、それによって日一日と検事として力をつけているんだという手応えを感じていた。だから失敗をしてもめげることはなかったし、仕事に充実感を感じていた。

ところが、その後雲行きが怪しくなってきた。

あるとき、拳銃不法所持の事件を担当することになった。被疑者には拳銃をばらばらに分解して隠し持っていたという容疑がかけられていた。

自白していたが、この事件は少々面倒だった。ばらばらに分解した拳銃を所有していることが、拳銃の不法所持になるのかという問題があったのだ。

分解されていても欠けている部品はなく、科学捜査研究所（略称「科捜研」。警察本部に設けられた鑑定などを行う部署）によれば、組み立てれば拳銃になり、きちんと発射できるとのことだった。分解したのは被疑者自身で、被疑者は自分で組み立てることもできるという。指導担当検事は僕に「起訴できるから、自白調書をとれ」と指示した。

ここで求められた自白調書にはちょっとした関門があった。

被疑者は素直に「自分で組み立てられる」と自白していたが、指導担当検事からはさらに「組み立てた拳銃が実際に発射でき、人を殺したり傷つけられるという認識」

が必要だと注意された。

つまり、被疑者が目下話していることだけを調書にとっても、公判で「組み立てても、まさか実際に撃てる拳銃になるとは思ってもいませんでした」と弁解されたら無罪になってしまうのだ。

指導担当検事に「いいか。『組み立てれば、人を撃ち殺すことができる拳銃になることはわかっていました』と調書にとるんだ」と指導された。

僕は引っかかりを感じた。

被疑者はたしかに全面的に自白しているが、果たして「人を撃ち殺すことができる」とまで発言するだろうか。この被疑者はやくざではなく、そもそも、拳銃所持の目的が人殺しとも思えなかったのだ。

しかし、大ベテランの指導担当検事が「調書はこうとるんだ」とまで踏み込んで指導してくれたことに対して、新任が「いや、それは無理でしょう。そもそもおかしいんじゃないですか」とは言えなかった。異論を唱えるのであれば、なぜ違うのかをきちんと説明できなければ法律家の世界では通らない。

おかしいと思っても異議を唱えられない。これが僕という検事の最大の問題だった。そして、その問題はすでに新任時代に芽生えていたのだ。

このときの僕はそこまで深く考えずに指導担当検事から言われるままに被疑者の自白調書の作成に臨んだ。

面前口授（くじゅ）をしながら、何食わぬ顔で「組み立てれば、人を撃ち殺すことができる拳銃になることはわかっていました」と事務官につけ足した。

すると、それまで穏やかに聞いていた被疑者が「人を撃ち殺すって……」と言いながら、悲しそうな、あきれたような、なんとも言いようのない苦笑いをした。僕がひるむことなく「だってそうだよね？」と言うと、被疑者は観念した様子で「まぁ、そうですね」と答えた。これで「言ってもいないことを調書にとったわけではない」という免罪符を得たつもりになった。自白調書は無事に完成し、被疑者も署名をしてくれた。

指導担当検事からは「よくやった」とほめてもらったが、なんとも後味の悪い出来事だった。

あのときの被疑者の悲しみをたたえた苦笑いは、今でも忘れられない。

初登庁してからというもの、夕方の五時、六時という時間に帰宅できたことはまったくと言っていいほどなく、ほぼ毎日夜遅くまで仕事に勤（いそ）しんだ。

実務修習のときから知っていたが、検事の部屋には冷蔵庫があって、夜になると中から冷えたビールを出して酒盛りをする。検事はあまり外では飲まないのだ。

こちらは酒盛りどころではなく、分厚い身柄事件の記録読みをしなければならなかったが、指導担当検事が「市川君。仕事なんかいいから、飲もう、飲もう」と誘ってくれるので、ありがたく酒を頂くことにした。

酒盛りをしている部屋にはほかの検事たちも入れ替わり立ち替わりやってくる。新任や若手検事は、こうした場で先輩検事たちから経験談を聞きながらノウハウを学んでいくのだ。

指導担当検事は「被疑者を自白させることがものすごく大切なんだ」と事あるごとに熱っぽく語る人だった。あるときには「僕は検事になってから被疑者は全員自白させてきた。自白させることから被疑者の更生が始まるんだ」と言った。

「えっ？　それは違うんじゃないですか」

そう疑問を発しかけたが、二十年近くもキャリアが違う大先輩に向かって口答えできるわけがない。だが、犯罪者をどうやって更生させるかについての方策を主に学ぶ科目である刑事政策を選択していた僕は、「自白させることで被疑者が更生するくらいなら、刑務所なんかいらないじゃないか。そもそも起訴する必要もないじゃないか」と内心では反発していた。

ただ、少なくとも指導担当検事が「被疑者は絶対に自白させなければならない」と主張する理由はわかった。犯罪者を更生させるために自白させるという信条を持っている検事なら、是が非でも自白させようとするのは無理もない。

ほかにもそれまでのほろ酔い気分が一気に消し飛ぶ話を聞いた。

「やくざと外国人に人権はない。僕は、ある外国人の被疑者を取り調べたとき、相手はどうせ日本語なんかわかりゃしないから、千枚通しを目の前に突きつけて、日本語で徹底的に罵倒(ばとう)してやった。そうやって自白させたんだ。不起訴にはした。上司に『拷問(ごうもん)やって自白させましたから』と言ってね。でも、不起訴にするからには絶対に自白させて更生させなくちゃいけないんだ」

真顔でこう言われると、どうしたらいいのかわからない。僕は「はぁ」とただ生返事をするしかなかった。ちなみに、千枚通しは事務官が事件記録をとじるときに穴を開けるのに使うので、検事の部屋には必ず置かれている。

まさか検事の口から「拷問」という言葉が出てくるなんて夢にも思っていなかった。

あるときはこんな話も聞いた。

「ふざけた被疑者がいるとね、『そこで壁に向かって立ってろ！』って言って立たせるんだ。で、こっちは別の事件の記録なんか読んでる。しばらく経つと『どうだ、言う気になったか？』って言ってやるんだ。そうすると自白する」

「若いころに選挙違反事件をやったとき、後輩の検事と『どっちが先に自白させるか』という競争をしたことがあったんだ。僕の方が早かった。僕はね、在宅の被疑者を呼んだとき、被疑者が座る机の上に雑誌を置いておいたんだ。で、事務官に呼ばれた被疑者が待合室から僕の部屋に入ってくる。僕はわざと黙って記録をめくったりしている。しばらく経つと、被疑者はいたたまれなくなって必ず目の前の雑誌をめくり出す。すると『誰がそんなことしていいって言ったんだ！』って怒鳴りつける。被疑者は『すいません！』って恐縮するから、すぐに自白する」

研修所の教官からもそれなりに衝撃的な話を聞いたが、それはせいぜいセミに小便をかけられた程度だ。それにひきかえ、今聞いている話はまるでどしゃぶりの雨のように我が身に打ちつけてくる。

「なんでそうまでして自白させなければならないんだ？……あ、そうか。自白させることで被疑者を更生させるんだもんな……でも、でも……」

混乱するばかりだった。目の前の大先輩検事が語っているのは作り話でも酔っぱらいのたわ言でもない。「検事かくあるべし」という力強いメッセージなのだ。

さらにどしゃぶりは続く。

「なぜ被疑者が否認してる調書をとっちゃいけないかわかるか？　否認調書を弁護人が読めば公判でも必ず否認するでしょ。でも自白調書をとっておけば、弁護人は最初の接見（面会）時に『どうしてこんなことをやったんだ？』という質問から始める。そうすれば公判でも否認しない。だから絶対に自白させて自白調書をとるんだ」

「僕が若いころは今よりずっと事件が多くてね、目が回りそうになったんだ。殺人事件とかが来ても満期（二十日の最終勾留期限のこと）までにはとても間に合わない。そんなときは精神鑑定医に頼んで、『この被疑者は正式鑑定が必要だ』って書いてもらう。鑑定留置（長期間をかけて医師が精神状態を診断するために、被疑者を留置場から拘置所や病院に移送して留置すること）になるから、二、三か月満期を延ばせるんだ」

今思い出しても冗談だろうと呟きたくなる。とくに最後の鑑定留置のエピソードに関しては、少なくとも僕が検事になって以降に行った人はいないと信じたい。

その一方で、こんなありがたい話も聞いた。

「君たち新任にはまだ否認事件が来てないだろう。なぜだかわかるか？　それはね、新任に無罪を出させちゃいけないからなんだ。新任をそんなことで傷つけてはいけない。だからまだ否認事件はやらせないんだよ」

新任に無罪を出させるな。

当時の横浜地検は、こうして僕たちを守りながら教育してくれていたのだ。ただし、この言葉は、無罪判決が出ると検事に傷がつくことを前提にしている。僕は少々複雑な気持ちを抱いていた。

「特別公務員暴行陵虐罪をやるんだよ」

こういった話は指導担当検事からしか出なかったわけではない。最もゾッとしたのは刑事部長の話だ。

僕がある被疑者を取り調べていたとき、刑事部長がふらりと五〇一号室に入ってきた。おそらく仕事ぶりを見に来たのだろう。

このときに取り調べていた被疑者はたまたま両手でほおづえをついて話していた。僕はそれを気にも留めずに取調べをしていた。自白をしていたし、話す態度が悪かったわけでもない。

ところが、これを見た刑事部長は気に入らなかったらしく、しばらくすると電話で僕を自室に呼びつけた。入室するなり、険しい顔で「なんだあの被疑者は。ああいう姿勢はすぐにやめさせないとだめだ。検事がなめられていることになるんだよ」と注意された。

「市川君ね、僕が特捜部にいたころなんかはね、生意気な被疑者がいると、机の下からこうやって被疑者の向こうずねを蹴（け）るんだよ。特別公務員暴行陵虐罪をやるんだよ」

部長は机の下のすき間から足を突き出しながらそう言った。

天下の特捜部で、なんと被疑者に暴行を加えていたとは。僕は戦慄（せんりつ）した。そして、それを平気で言う感覚にも首を傾（かし）げた。

刑事部長からは、酒盛りの場でこんな話も聞いた。

「昔の東京地検の特捜部がある階に行くとね、もう、そこら中の部屋から『ひいーっ』『人殺しーっ』『殺されるーっ』って悲鳴が聞こえてきたもんだよ」

要するに、被疑者や参考人をそこまで追いつめるほどの厳しい取調べをやっていたという武勇伝だったのだろう。

わけがわからなくなった。これが新任への教育なのだろうか。

僕が目指していた「ダイバージョンを実践する検事」像は日を追うごとに音を立てて崩れ落ちていった。検事になってまだ半年も経っていなかった。

刑事部では、ひたすら自分が主任検事（割り当てられた事件の捜査、処分について責任を負う立場の検事）として仕事をしていたが、検事の職務は主任ばかりではない。ほかの検事が主任を務めている事件の応援に入り、指示に従って参考人や被疑者の取調べをするケースもある。

とくに、検察庁が警察やその他の捜査機関（麻薬取締官、国税局、労働基準監督署など）の協力を得ずに行う「独自捜査」の場合は、一から十までのすべてを検察庁で担（にな）うため、いきおい人手が必要となる。

新任時代に一度だけ独自捜査にかかわった経験がある。

なにしろ刑事部長が筋金入りの特捜検事だったので、すきあらば独自捜査を行いたくてしようがなかったのだ。

あるとき、先輩検事が主任となった事件の捜索に、急遽（きゅうきょ）参加せよと命じられた。広い会議室に多くの検事、副検事、事務官が集められ、主任から捜索についての注意事項が伝えられた。

「明日捜索をやるが、このことはたとえ家族にも絶対に話してはならない。もれたら相手に証拠を隠滅されてしまう」という通達だった。もっともな話だ。

翌朝、僕たちは集合場所から捜索場所の会社に向かった。

会社近くまでたどり着いたとき、青ざめた。

なんとテレビカメラマンが来ていて撮影しているのだ。

「今日のガサ（捜索のこと）がマスコミにもれてるじゃないか」

捜索の後、先輩検事たちは大騒ぎしていた。

「お前がもらしたんじゃないのか」と新任だった僕は疑われてしまった。日ごろは言うべきことがなかなか口に出来なかったが、さすがにこのときは「誰にも言ってませんよ」と反論した。濡れ衣を着せられてはたまったものではない。

この騒ぎには唖然とするオチがついた。

先輩検事が刑事部長室に捜索結果を報告しに行くと、部長が「テレビ局来てただろ。僕が知らせておいたんだ」と言ったそうだ。この事件について主任を手取り足取り指導していた部長が捜査の秘密をマスコミにもらしていたのだ。

先輩検事から聞いて、あきれてしまった。各人が秘密を厳守した上で捜索に臨んだのに、部長がそれを台なしにしたことが不愉快だった。

後日、部長から新聞社撮影の写真をもらった。たまたま僕が段ボール箱を運んでいる場面が撮られていたのだ。こんなものをもらっても、さして嬉しくもなかった。

検事はマスコミに登場したくて仕事をするのではない。少なくとも僕はそう思ってこの職業を選んだのだし、検事時代を通じてもそう考えて仕事にあたっていた。

公判部配属

十一月、新任二名は刑事部から公判部に移された。

刑事部に負けず劣らず忙しい職場だ。

公判部では、刑事部より広い部屋に数人の検事や副検事がいて、事件記録を読み込み、立証に必要な証拠とそうでない証拠を分けて必要な方を弁護人に見せ、公判期日に備えて冒頭陳述（証拠調べ手続の初めに、検察官が証拠によって証明しようとする事実を述べること）や論告（証拠調べ手続が終わった後、検察官が事実認定や法律の適用について意見を述べること。いわゆる求刑も行う）を起案する。

証人尋問をするときは、あらかじめ証人と面談して、どのような証言をするかを確かめておく。検察庁ではこの面談を「証人テスト」と称するが、これは証人尋問を請求した検察官も弁護人も事前に準備するよう刑事訴訟規則に定められているからだ。テスト自体は違法でないどころか、尋問を請求した当事者の義務と言ってもいい。もちろん、証人に偽証を勧めるなどは論外だが。

この時には証人尋問を一、二回しか経験しなかったが、刑事部とは異なり、常に二十件か三十件の事件を抱えつつ、多くの事務作業をしなければならなかったから、わき目もふらずに働くしかなかった。一人前の検事ともなると、どんなに少なくても数十件、多ければ三けたの事件を抱えている。こうなると被告人の名前を言われても、すぐにはどの事件かがわからなくなる。

修習生時代に冒頭陳述や論告を起案した経験がなかったから、公判部の仕事は文字どおりの初体験ばかりで、当初は辛かった。

部屋にいた数人の先輩検事全員が、自らも多忙なのにもかかわらず、指導担当のように「どうだい、ちゃんとやってるか？　わからないことはないか？」と何かにつけて声をかけ、面倒を見てくれたのがありがたかった。

正式な指導担当検事は大先輩で、僕のどうにもならない起案にいつもびっしりと添削を入れてくれて、どこがなぜいけないのかもていねいに教えてくれた。

刑事部と違い、僕が思い描いていた検事像を瓦解させるような恐ろしい話も聞かなかった。

今思うと、この出発点があったから、その後公判が好きになったのかもしれない。

生まれて初めて公判に臨んだときのことは今でも覚えている。

先輩検事がついてきてくれたが、あくまでトラブルが起きたときに助け舟を出すために存在するだけで、何もかもひとりでやらなければならなかった。

法廷に入ってみると、なんと傍聴席が女子高校生らしき人たちで満員だった。社会科見学だったのだろうか。当時は傍聴者がまったくと言っていいほどいなかったから、ただでさえ緊張していた僕は極限まで神経が張りつめてしまった。

起訴状の朗読を始めたが、公訴事実（起訴した犯罪のおおまかな事実のこと）が長かったので、文章のどこで息つぎをすればいいのかわからなくなり、息苦しくなって我を失ってしまった。だから、起訴状を読んだ後のことは記憶が薄い。

ただ、途中でちらっと傍聴席を見たとき、船をこいでいる人がいたので「俺の公判はそんなにつまらんのか」と悔しく思ったのは忘れられない。

法廷に通い始めたころはいつも声が震えた。終わったときはのどが渇ききっていた。それだけ緊張していたのだ。

新任の公判に先輩検事がついていくのはせいぜい初めの二、三回だろう。現在は上司が若い検事の公判を傍聴したりもするそうだが、当時は新任でもほとんど放任されていた。

経験不足ゆえ、放任されると何をしでかすかわからない。公判はすべてが一発勝負なので、ちょっとした不手際(ふてぎわ)で審理が大混乱に陥ってしまう。

これは検察庁にとって都合が悪いだけにとどまらない。

事件のポイントをはずしたでたらめな冒頭陳述をされたり、意味のない尋問を長々とされたりしたならば、弁護人も裁判官も迷惑をこうむるのだ。

そのためだと思うが、僕がひとりで法廷に立つようになると、裁判官が何かと助けてくれるようになった。「検察官、被害者の調書の被害状況の部分を朗読してください」とか「被告人の調書の犯行の動機の部分を朗読してください」などと指示してくれた。

法廷に供述調書を提出する際は、その全文を朗読しなければならないと定められているが、それでは限られた時間に公判が終わらせられないので、刑事訴訟規則では検事が調書の「要旨を告知」してもよいことになっている。要旨の告知によってその供述調書のポイントが裁判官に伝わるはずだ、というのが建前だ。

実はこれが難しい。

新任ではどこが調書のポイントなのかわからない。刑事部で調書をとった経験があ

って も、その内容を的確にかいつまんで法廷で理路整然と述べる力がつくわけではないのだ。

横着な検事だと、「被害者は被害状況を述べております」「被告人は犯行状況を自白しております」と言ってお茶を濁す。被害者や被告人がこのような供述をしているのは当たり前だ。法廷で検事の主張を理解してもらうためには、どんな被害状況や犯行状況を供述しているかまで伝えなければ意味がない。

僕はありがたいことに、裁判官から直接「裁判官は調書のこういうところを知りたいんだよ」ということを法廷で実地教育してもらったのだ。

裁判官と検事の癒着だと感じる読者もいるだろう。

だが、検事は公判で事件の土俵を作るのが役割だ。検事がまともでないと弁護人も何から何まで争わざるを得なくなって本当の争点がわからなくなり、それは結局被告人の不利益にまでつながる。

にもかかわらず、どういうわけか検察庁は新任や若手検事を法廷に一人で放り出す。本来、法廷活動については検察庁が責任を持って教育すべきなのだが、そうしないから、やむなく裁判官が代わりに教えてくれていたというのが当時の実情だった。

もっとも、当時の新任のすべてが裁判官からこうした教育をしてもらったわけではなさそうで、僕は本当に恵まれていたと思う。裁判官がどういうことを知りたいかを教えてもらったことで、証人尋問ではどういう点に重きを置いて尋問すればいいのかがわかったし、さらには取調べでどういうことを追及しなければならないかも身についた。

さらに、僕は証人尋問のマナーも裁判官から学んだ。

ある事件で、被告人の母親が被告人をかばうための情状証人（公訴事実に争いのない事件で、もっぱら情状酌量を求めて証言する証人）として法廷に立ったが、僕は母親をつるし上げるかのような意地悪な反対尋問をしてしまった。

すると裁判官に「検察官、もうやめなさい！」と一喝された。

はっと我に返った。

親が子をかばうのは当然だ。そんな証人を意味もなくいじめるのはまともな検事のすべきことではない。以後、理由もないのに情状証人をいじめるような尋問はやめた。

公判部では指導担当検事をはじめとするたくさんの先輩検事はもちろん、裁判官にまで手取り足取り教育してもらった。心から感謝している。

新任明け

一九九四年四月から九六年三月まで、僕は徳島地方検察庁に勤務した。

この二年間は、僕の十二年九か月の検事生活で最も充実した期間だった。当時の上司や先輩には失礼な表現かもしれないが、僕にとってベストメンバーだった。

「俺は責任をとるために来た！」と吠えた検事正。

後に改めて書くが、「気持ちよく無罪にしろ」と剛胆な指示をした次席検事。

どんな質問にも顔色一つ変えずに答えてくれた三席検事（小規模地検でのヒラ検事筆頭の内部での呼称。次席の次だから「三席」）。

素直に尊敬できる人たちばかりだった。

検事は新任時代は大規模な部制庁で教育を受けるが、その後は地方の小規模地検や支部に配属される。この時期を「新任明け」という。

新任明け検事は、少なくとも外部からは一人前として扱われる。

一人ずつ個室が与えられ、新任時代はベテランの検察事務官がつけられたのに対し、若い事務官がつく。

検事につきそい補助をする事務官を「立会事務官」という。僕の立会事務官も若い人で、兄弟みたいな関係となれたので、とても仕事がしやすかった。

立会事務官は検事のかけがえのない宝だ。僕は「検事の右腕だ、相棒だ」などとありきたりな言葉で語りたくない。

立会事務官は、とくに捜査をする検事とは同室で一日中一緒に仕事をする。検事が犯行現場を見に行ったり、警察署に打ち合わせに行ったりするときも、ほとんど同行する。上司や先輩検事よりずっと頼りになる。

公判検事であれば、複雑ではない事件なら立会事務官に証拠の選別をしてもらったり、さらには冒頭陳述や論告の起案の下書きをしてもらうことさえある。

駆け出しの検事は、実務的な手続きをベテランの事務官から習う。

新任時代、被疑者の勾留請求をした後に裁判官から問い合わせの電話がかかってきた。とっさにどうしていいのかわからず、立会事務官に電話をかわってもらい、裁判官に事情を説明してもらったというみっともない経験がある。

処分に迷っていたとき「決めるのは検事なんです。早く決めてください」と活を入れてもらったこともある。

何よりもその存在がありがたいのは、事件を捜査している様子をすべて見守ってくれているところだ。立会事務官は、検事が行うすべての参考人、被疑者の取調べに文字どおり立ち会っているから、取調べが終わった後、「今の被疑者の話、どう思う?」と虚心坦懐に相談できる。「私も検事と同じ心証ですね。あの被疑者は○○の点についてはちょっと話が変だと思います」などと言ってもらえれば心強い。

むろん、一人前の検事は立会事務官が同調しただけで決断しないが、取調べに熱が入ってしまうといつの間にか客観的な視点を失いかけてしまう。そんなとき、すべてを見聞きしてくれている立会事務官の率直な意見は頭を冷やす助けになる。

上司の決裁を仰いだときに意見が通らず、「もう一度出直してこい!」と叱られて肩を落として部屋に戻る。立会事務官が「検事、それは次席がおかしいです。検事の方針は間違ってません。○○の点を詰めて、もう一度行きましょう」と励ましてくれる。上司よりずっと事件を知っているのだから、こういう言葉を聞くと失いかけた自信を取り戻すことができる。

「検事、この事件を○○罪で起訴するのはちょっと強気すぎじゃないですか。検事は信用してないみたいですけど、私は被疑者は嘘をついてないと思います」とブレーキをかけてもらったりもする。

このように、立会事務官はいつも検事に寄りそい、検事の捜査を一から十まで見てくれているだけでなく、第三者としての視点を維持しているから、ここ一番というときには本当に頼りになる。

ところで、僕が検事になったころは、公判で自白調書の任意性（取調官の暴行や脅迫などによらずに被疑者が自分の意思で自白したか否か）が問題になったとき、証人として出廷するのはその被告人の取調べをした検事と決まっていたが、以前は検事ではなく立会事務官が証言していたらしい。どうしてそうであったかについては知らないが、事務官が弁護人や裁判官から厳しい尋問を受けるのは酷というものだ。立会事務官は少なくとも形の上では検事の部下に当たる。上司である検事が取調べで問題を起こしておきながら、部下に責任を肩代わりしてもらうのは筋違いだ。取調べの責任は検事が負うのが当たり前なのだから、現在の運用が正しいと思う。

この件に限らず、僕は、上に立つ者は絶対に部下を守らなければならないと心に決めて検事をやっていたつもりだ。新任時代に指導担当検事から「新任に傷をつけてはならない」と聞いたことや、徳島地検時代に出会った次席を見て学んだことだ。

僕は上司に面と向かってほとんど文句を言えない弱虫検事だったが、それを自覚していたからこそ、部下である立会事務官に八つ当たりをしたことはなかったし、決裁で形式的なミスを指摘されたときも「それは立会事務官のミスです」などと卑怯な言い逃れはしなかった。

上に文句が言えない弱虫だったがゆえに、まるでそのうっぷん晴らしのように下にいばり散らす恥ずかしい振る舞いはしたくなかったのだが、そうではない検事も存在していたことは事実だ。

上司にこびへつらう一方で、立会事務官を感情的にののしったり、怒鳴りつけたり、あるいは彼らの陰口を叩いたりしていた検事を何人か知っている。見聞きするたび「あんなみっともない検事にはなりたくない」と思った。

「上に弱いのなら下には強く出るな。下に強く出るからには上にも強く出ろ」

これが弱虫検事なりの筋の通し方だった。


徳島地検には、ヒラ検事は三席を含めて四人しかいなかった。当時の小規模地検のごく一般的な人数だ。

こんな人数だから、刑事部と公判部に分かれていない。起訴した検事がそのままその事件の公判も担う。これを「主任立会制」という。

主任立会制の良い点は公判の仕事がしやすいことだ。事件記録は捜査中に読み込んでいるから、ややこしい事件でも冒頭陳述を簡単に起案できる。

その代わり、事件の全責任を主任が負うという重みがあるが、僕はそれが当たり前だと考えている。

部制庁のところで検察庁にとって都合の悪い判決が出ると、刑事部は「公判のやり方がまずかったからだ」、公判部は「そもそも無理な起訴をしたからだ」と主張し、両者がいがみ合うケースがしばしばある。見苦しいし、何より責任の所在があいまいになる。

徳島地検時代では、一年目の夏に初めて担当した殺人事件が印象に残っている。

まずは司法解剖の立会いから始まる。

修習生時代にも司法解剖を見学したが、検事は見学ではなく、間もなく永遠になくなってしまう証拠である被害者の遺体をしっかり見て、その状態を頭に叩き込まなければならない。

新任明けが現れると、おそらく警察の人たちは少々不安に感じると思う。無理もない。肩書こそ検事だが、実務経験はたったの一年しかない若造だ。

いろいろな事件で警察の担当者と打ち合わせをしたときに「今度来た新任明けのお手並み拝見」といった視線や言動を感じたことが多々あった。要するに警察から試されていたのだ。解剖に立ち会ったときにも「なんだ、この子供みたいな検事は」というムードが漂っていたように思う。

そんな警察を見返すためにも、自分が納得できるまで徹底的にやってやろうと思った。

この事件では「なぜ被疑者は被害者を殺したか」、つまり動機の解明が唯一（ゆいいつ）のポイントだった。動機にからむ関係者が多くいた事件だったが、僕はすべての関係者を自分で取り調べた。

もう少し経験を積んだ検事なら、決して全員を自ら取り調べたりはしない。公判を見すえ、どうしてもはずせない関係者だけをじっくり取り調べて、後は警察に「この人からはこういうことを重点的に聞いておいてください」と依頼するのが普通だ。そうしないと二十日間ではとても捜査が終わらない。

おそらく上司も僕がどんな姿勢で事件に臨むかを試していたからだと思うが、この事件を担当していた間、ほかにめぼしい身柄事件がなかったので、「とにかく真実を解明するんだ」と意気込んで、参考人をすべて呼び出し、一人あたり何十ページもの調書をとった。

途中で検事正が「検事がそんなに張りついてなくてもいいだろう」とアドバイスし

てくれたが、方針を変えずに捜査した。

被疑者の取調べも、とにかく納得できるまで何度もやった。

解剖を見たときは「こんなむごいことをしやがって。俺が仇を討ってやる」と被疑者に激しい憎悪を燃やしたが、毎日のように被疑者を取り調べているうちに心境が変わってきた。

すべての参考人から事情を聴取し、被疑者の人物像をしっかり把握していたことも大きかったと思うが、次第に被疑者に感情移入していく自分がいた。最後は「うん、あなたの気持ちはよくわかる。俺もあなたの立場だったら被害者を殺していたと思う」というところまで共感できた。

被害者と遺族には申し訳ないことだが、「俺もやってしまったと思う」というところまで犯人の心理を理解できなければ、犯罪を解明したことにはならないと思う。

この捜査で僕が得た一番大きなものは、「人殺しまでに至る人間にはよほどの深いわけがある」という当たり前のことだった。

その深いわけを知ると、死刑や無期懲役を安直に求刑する気にはなれない。たとえ殺人犯でも憎み切れなくなるのだ。

「殺人犯も自分と同じ人間なんだ」

それを自分の捜査で体感できたという事実は、その後の検事生活にも活きたと思っている。

何より嬉しかったのは、公判を終えたとき、弁護人から「とても公平に調書をとってくれていると思いますよ」と言ってもらったことだ。

公平――それは検事の生命線の一つだ。弁護人からこう言われると検事冥利に尽きる。僕はそう感じる検事だった。

ある公判では地獄を見た。

一期上の先輩検事が残していった事件だったが、公判を途中から引き継いだ経験がなかったので大変だった。

詐欺の共謀共同正犯事件だった。実行犯は早くに罪を認めて実刑判決を言い渡されて服役中だが、共犯者として起訴された被告人が実行犯との共謀を否認しているというのだ。すでに被害者と共犯者の尋問は終わっている。

被害者と共犯者の証人尋問記録を読んだが、弁護人の鮮やかな反対尋問により二人とも完全に証言が崩されていた。

僕が取り組んだのは被告人の自白調書の任意性立証だった。

結論を先に書くと、警察官が取調べ中に被告人を脅迫したという弁護人の主張が認められ、自白調書はすべて裁判所から却下されてしまった。

大変な事態になった。

僕の心証では、被害者の証言も共犯者の証言も信用できない。頼みの綱の自白調書も消し飛んでしまった。要するに何も証拠がない焼け野原になってしまったのだ。

それでもなんとかこちらに都合のいいことばかりを拾い集めて論告を起案した。

論告を書いてみて、改めて「これはダメだ」と観念した。都合のいいことばかり主張していて、都合の悪いことに手当てをしない論告にはまったく説得力がない。

次席は「よく書けている」とほめてくれた。

しかし、いざ論告・弁論（弁護人が論告に対して反論する意見のこと）期日に臨み、弁護人の弁論を聞いてみると「そりゃそうだ」と納得してしまった。検事が弁護人の意見に納得しているようでは展望はない。

期日が終わった後、次席に「やっぱり無罪になると思います」とおそるおそる報告した。

ここで次席が微笑（ほほえ）みながら発した言葉には驚いた。

「そうか。それなら気持ちよく無罪にしろ。高検が納得するよう、無罪になる証拠を集めろ」

　地裁で無罪判決が出た場合、検事正、次席をはじめ検事、副検事がそろっての会議（検察庁によって呼び名が少し違うが、多くの庁では「控訴審議」という）で控訴するかどうかを検討して、その結論を高等検察庁に持ってゆく。最終的にはその長である検事長の決裁を仰がなければならない。

　次席からこっぴどく叱られるだろうと覚悟していたので、思いもよらない指示にびっくりした。おそらく自白調書が却下された時点で無罪になるとわかっていたのだと思う。

　すでに出所していた実行犯を呼び出し、事情聴取してみた。

　なんと実行犯は「警察からわぁわぁ言われて面倒くさくなったから、被告人を引きずり込む嘘をついたんですよ」とあっさり口にした。

　これこそ次席が命じた「気持ちよく無罪にする証拠」だ。控訴したところで、もう一回実行犯を証人尋問したらかえって恥をかくことになる。

　それでも、いざ本当に無罪判決を聞くまでは憂鬱（ゆううつ）だった。

　無罪判決を受けたことで出世できなくなっても全然かまわなかったが、自分が起訴した事件ではないにせよ、めったに出ない無罪判決を聞くのは気分がいいものではない。それが当然だとわかっていてもだ。

「被告人は無罪」

判決の日、法廷に裁判官の声が朗々と響き渡った。

証言台の前に立っていた被告人は、判決が言い渡される間、ずっと深々と頭を下げていた。弁護人は「当然だ」と言わんばかりに無表情だ。

僕もポーカー・フェイスを装ったつもりだが、実際にどんな顔をしていたのかはわからない。

この後に開かれた地検での控訴審議は全員一致で「不控訴」。

さて、問題は高検だ。

僕は一人で高松高等検察庁に出向き、控訴審議に臨むことになった。

高検での控訴審議には主任だけでなく、小規模庁であれば次席が、部制庁なら公判部長が同行するケースが多い。当時の僕はそんな慣例は全然知らなかったので、次席から「お前一人で行ってこい」と命じられても驚きもせず「わかりました」と答えた。

立会事務官と共に事件記録を持って徳島駅から高松駅まで向かう道中は生きた心地がしなかった。なにしろすべての証拠が裁判所に蹴られた「焼け野原無罪」だ。どれだけ叱られることかと思うと、窓から見える景色も目に映るだけで頭にまったく残らないほどだった。

検事長も出席しての高検での控訴審議では、高検の検事からありとあらゆる質問を浴びたが、事件記録を読み込んでいたので、ほとんど即答できた。そのためもあったのか、検事長が最後に一言「不控訴でいいでしょう」と告げて無事終了となった。

徳島に戻った後、たしか三席からだったと思うが、僕は驚くべき裏話を聞く。

「市川。あの無罪事件な、次席が高検に根回ししてくれてたんだぞ」

なんのことはない、次席があらかじめ電話で高検に「控訴は無理です」としっかり伝えてくれていたのだ。

大胆さとこまやかさ両面を備えた次席に敬服してしまった。

おそらく次席の連絡については検事正も了解していただろう、あるいは指示したのかもしれない。

このような上司に出会うと、部下は自然と「この人に恥をかかせるわけにはいかない」と思い、極力注意して仕事をするようになる。

徳島地検時代を最も充実していたと感じているのは、何ごとにも動じないばかりか、部下をしっかりかばってくれる上司たちに恵まれたからだ。

無罪という地獄

検事三年目にして初めて聞いた無罪判決を「地獄」と感じたのはなぜだろう。

無罪について初めて立ち入った話を聞いたのは前期修習での講義上でだった。

教官は免田(めんだ)事件の再審公判を担当した検事だったが、そのときの心境を「無罪になるからこそ、徹底的に争ってやろうと思って、何十年も経った後の現場に行ったりした」と語った。

この「無罪になるからこそ徹底的に争った」という言葉の意味は、検事を十二年九か月務め、さらに弁護士として四年あまり仕事をした今でもよくわからない。

好意的に考えてみるならば、無罪とされるからには、検察庁のありとあらゆる主張を洗いざらい裁判所に否定してもらって、きれいさっぱり「白」にしてもらおうという心意気があったと解釈できそうだ。徳島地検の次席が「気持ちよく無罪にしろ」と命じたのにも通じる。

反対に、最高裁でも有罪判決になったのだから、検察庁にはなんの間違いもない、だから文字どおり「徹底抗戦」するという発想によるものだったとも考えられる。

どちらが真意だったのかはわからないが、僕のその後の検事生活を踏まえれば、後者つまり「検察庁に間違いはない。だから徹底的に抵抗する」ではなかっただろうか。高松地検での実務修習中に同期が担当した事件が無罪になった。

これは高松地検の指導担当検事が受けた無罪判決ということになる。修習生の責任になどできるはずがない。

無罪判決が出た後、無邪気な僕たちは指導担当検事の執務室を訪れたのだが、指導担当検事は浮かない表情をしていた。僕たちが仲間同士でふざけあっているのを見てもにこりともせず、さりとて叱ることもせず、ただ黙ってタバコの煙をくゆらせている。いつもなら「こら、何を騒いでるんだ。ここは遊び場じゃないぞ」と笑いながら話の輪の中に入ってきてくれるはずなのに、心ここにあらずといった感じだった。

そんな姿を見るにつけ、僕はとても事件について問いかける気持ちにはなれなかったし、事件を離れての冗談すら口にできなかった。

思い返してみると、「無罪が出ると検事は困る」のを初めて肌で感じ取った機会だった気がする。ただ、修習生の僕にはそれがよくわからなかった。

前述したように、横浜地検刑事部の指導担当検事から「新任に無罪を出させないために、否認事件をやらせないようにしている。新任を無罪で傷つけてはならない」と聞いたが、これこそ無罪が検事を「傷つける」、つまりその検事が何かしら減点されることを言い表していた言葉だ。

僕はこの言葉を聞いて、検事にとって無罪を下されることはマイナスなのだと察した。しかし、その時点でもなお、なぜそうなのかはわからずじまいだった。

新任時代は無罪判決が出たと聞いたことがなかったのだ。

横浜地検は大規模庁なので、一年間に無罪判決が一件も出なかったとは信じ難いが、本当にこの一年間は無罪が出なかったのか、それとも実際には出ていた無罪を新任には知らせなかったのかはわからない。

もし無罪判決を僕たちに知らせなかったとすれば、新任に検察庁の失点場面を見せたくないという、ありがたくもない配慮があったことになる。

要するに、検察庁にとって、「無罪はダメ」なのだ。

だが、無罪判決の話すら聞かなかったから、僕は新任時代も「なぜ無罪がダメなのか」はわからぬままだった。

そんな僕がどうして徳島地検では無罪判決を「地獄」だと感じたのだろうか。

実のところ、当時の自分の心境を必死にたどってみても、どうしても思いつかない。

それまでに検察教官から「無罪になるからこそ徹底的に争った」という言葉を聞き、

高松地検の指導担当検事の沈痛な表情を見、横浜地検刑事部の指導担当検事の「新任に無罪を出させるな」という台詞を耳にしていた。検察庁のそんな空気を吸って暮らしている中で、気づかないうちに「無罪はダメ。検事にとっては減点になる」と思い込んでいたとしか説明のしようがない。

さらに思い起こしてみると、徳島地検時代に「自分が起訴した事件が無罪になったら辞職するつもりだ」と言った検事がいた。この言葉も僕に「無罪はダメ」と刷り込んだ大きな一因になっていると思う。

ただ、「無罪はダメ」と一応は理解できても、「なぜそうなのか」がさっぱりわからない。

検察庁が「無罪になる事件をなぜ起訴したのか」とマスコミに叩かれるのを嫌がるのは容易に想像できるが、ここではさらに内部の事情を考えてみる。

検事は神様ではない。

もちろん、むやみに過ちを犯してはならない重責を負う立場だが、それでも神様ではないのだから、問題点を見落として起訴してしまうことはあり得るし、起訴した後の公判で弁護人や裁判官から問題点を指摘され、「そうだった。我々は間違っていた」と気づくこともあるはずだ。

現に、前述した無罪事件においても、僕が転勤してすぐに読んだ公判記録では、被害者、共犯者の証言が弁護人の反対尋問で見事に崩されていて「これは無罪じゃないのか？」と思ったくらいだ。

しかし、無罪だとわかっていても（少なくとも、無罪ではないかと思っていても）、その事件が起訴されたからには、検事はそのまま公判を遂行するしかない。

この事件がまさにそうだった。当時の僕は、被害者や共犯者の証言が信用できず、無罪になるのではないかと思ったからこそ、かえって自白調書を採用してもらうために頑張ったのだ。

二〇一〇年、いわゆる足利（あしかが）事件の再審公判では、検事が無罪論告をしている。しかし、僕が検事だった間、そんなケースはどこからも聞こえてこなかったし、僕自身、その可能性を検討さえしなかった。

ある先輩検事は僕に「公判検事ってのは、ボクサーみたいなものだ。弁護人にどんなに殴られても、十二ラウンド終わりのゴングが鳴るまで必ず立っていなければならない」と告げた。つまり無罪を認めてはならないという意味だ。

起訴検事が優秀だという評判があったり、あるいはそれなりの役職に就いている場合、「○○さんが起訴した事件を無罪になんて絶対にできない」という言葉が飛び交う。これは「たとえその事件に無罪とされるべき要素があったとしても、○○検事に恥をかかせないため、有罪とせねばならない」という意味だ。

大阪地検にいたときに、十年を超える長い公判が続いていたある大事件について「起訴した検事が検察庁の幹部になっているから絶対に無罪にはできない」と聞いたこともある。

なんのことはない、事件が客観的にどうであるかなど眼中になく、大物検事のメンツを守ろうとしていただけなのだ。その検事から頼まれたわけでもないのに。

ひょっとしたら、大物検事が起訴した事件で無罪判決が出ると、その公判検事は何かしらのペナルティを受けるという暗黙の掟が検察庁にはあったのかもしれない。

「なぜ無罪がダメなのか」の一つの答えがここにある。検事や検察庁のメンツがつぶれるからだ。むろん、常識に照らして考えれば理不尽極まりないが。

こんな役所で仕事をしているうちに、いつの間にか「無罪はダメ。無罪を食らったら、へたをすると検事を辞めなければならない」という感覚が染み込んでしまったとしか言いようがない。恐ろしい話だ。

このように、検事はいつの間にか無罪に怯えるようになるから、徳島地検の次席のように「気持ちよく無罪にしろ」と剛胆な指示を出せる上司は数少ないと断言できる。当時の僕には「無罪がダメなのはなぜですか？　そもそも、その考え方はおかしいのではありませんか？」と先輩や上司に尋ねる発想すら湧かなかった。「ダイバージョンを実践するために検事になった」と自負していたにもかかわらず、気がついたらものの見事に検察庁仕様の法律家に改造されていたのだ。

検事や検察庁が「メンツがつぶれるのを嫌う」ことの背後には、検事の保身がひそんでいると思う。

高松高検での控訴審議は次席の温かい根回しのおかげで無事に終わった。だが、一般的に検事は「控訴審議」と聞くとたんに顔をしかめるはずだ。

控訴審議に臨む公判主任検事は、ともすると公判部の上司やヒラ検事から「なぜこんな立証活動をしたのか、あるいはしなかったのか」と責め立てられる。

すべてが終わった後なら、誰だってなんだって言える。実に不愉快な光景だ。

主任を責めている上司が部長なら、さらなる上司である次席から「どういう指導をしているんだ」と責められる。その次席も検事正から責められる。検事正は、へたをすれば検事長から責められる。とてつもない大事件であれば、ひょっとすると検事長が総長から責められるかもしれない。容赦のない非難が滝のように上から下に流れていく。

誰だってこんな目に遭いたいわけがない。

だから、主任はなんとかして無罪判決から逃れるべく、ありとあらゆる悪あがきをする。部長から指示されてのことなのかもしれない。そして、部長は次席から、次席は検事正から、ひょっとしたら検事正は検事長から、という具合だ。

有り体に言ってしまえば、誰もが責任をとりたくないから、上は下に無理難題を命じるし、下は立場上無理難題を拒むことができない。

こうした心理の根底にあるのは保身だ。誰もが責められたくない、責任をかぶせられたくないのだ。

かく言う自分自身も長らくそうした発想に染まっていた。

むろん、本当にミスを犯したのであれば検事はその責任を負わなければならない。検事はそこまで意気地なしではない。

だが、控訴審議では「そりゃ、今なら言えるでしょうけど、主任がそのとき気づいてないといけないってのは酷でしょう。部長、あなたが主任だったら気づいていたって本気で言えますか？　神の視点で言ってませんか？」と感じる場面がたくさんあった。

落ち度がない者にすべての結果責任を負わせるのは、公正を旗印にする検察庁において、あってはならぬことではないだろうか。

起訴検事や公判検事に何かしらのミスがなければ無罪判決は出ない。そして、多くの主任はその負い目があるばかりに反論ができない。それをいいことに、同僚や上司は言いたい放題に主任を責め立てる。陰湿極まりない。

問題が起きたときは「誰が、なぜ、どこまでの責任を負うのか」が明らかにされなければ真の解決はできない。

ところが、僕がいたころの検察庁は、無罪判決をはじめとする問題が起きたときには「誰もなんの責任も負わないうやむやな後始末をする」か「誰かが何もかも責任を負わされておしまいにされる」かの両極端の解決しか行わなかった。どちらにしてもその場限りの結着で、真の問題解決はなされていないから、何年経(た)っても同じ問題が発生し続ける。

さらに一つ加えておきたい。

読者は「起訴した後に無罪だとわかったら、起訴を取り消せばよいのではないか」と考えるだろう。

起訴を取り消す方法は刑事訴訟法に定められており、「公訴取消し」という。

ところが検察庁では、刑事訴訟法に定められていない大変な手続きを経ないと起訴は取り消せない。その地検を管轄する高等検察庁の検事長、検事総長、さらには法務大臣に詳しい報告を上げて事実上の了解を得なければならないのだ。これを「三長官報告」という。

一介の公判検事が「この事件は無罪だ」と思っても、その良心を貫き通すためには、地検の幹部どころか法務大臣にまで長い長い報告書を書いて送り、納得してもらわなければならない。その間にすべての上司が横やりを入れてくる。平素の起案の添削とは比べものにならない細かいチェックが入る。

これでは事実上、公訴取消しは不可能に等しい。

だから「無罪になりそうだから」という理由での公訴取消しは、僕が検事だったころは成立し得なかった。そのような話を聞いたことすらない。

こうした組織上の重い足かせもあって、起訴したからにはたとえ無罪が予想されても検事は意味もなく公判を続けなければならないのだ。

検事はまだいい。心身ともに徒労感にむしばまれるが、少なくとも無罪判決が出るまでは検事でいることができるし、実際は無罪を受けた検事が軒並み辞めさせられているわけでもないからだ。

だが、検事でさえ無罪だと気づいている公判に延々と付き合わされる被告人がもしそれを知ったらどう思うだろうか。

徳島地検時代はそこまで考えが及ばなかったが、僕はその後に「無罪と気づいていながらの起訴、無罪と気づいていながらの公判」を行ったため、法廷で被告人と顔を合わせるたびに身が引き裂かれるような思いを味わうことになる。

作文調書

徳島地検時代はベストメンバーだったと書いたが、何もかもが充実していたわけではない。

むしろ、僕が受験生時代から目指していた検事像と決別したのがこの期間中だったともいえる。

検事三年目のとき、ある身柄事件を捜査した。被害者はもちろん、被疑者も自分なりに十分に取り調べ、その他の証拠も検討し、「これは起訴できる。有罪だ」と確信して次席の決裁を仰いだ。

ところが次席いわく、「被疑者の自白調書に足りないところがある」。決裁を仰ぐ前に被疑者の供述調書をとり終わっているので、決裁段階で足りないと言われても、その調書を丸ごととり直すのは大変だ。それを察してくれたのか、僕に「足りないところだけを補う調書をとれ」と命じた。だが、被疑者は「これで終わった」と思っているので、さらに調書をとるのは簡単ではない。まして検事が「もっと自白させよう」と目論んだところで被疑者が応じるケースはまれだ。

僕は次席に「わかりました。ですが、いったんこんな調書をとってしまいましたから、被疑者はこれ以上のことはなかなか言わないと思いますが」とおそるおそる申し出た。

すると、秘策を授けてくれた。

「いいか。こうやってとるんだ。被疑者が座るなり、お前は『聞いてろ』とだけ言って、すぐに『○○の点を認める』内容を立会事務官に口授して調書をとらせる。被疑者に言わせる必要なんかない。事務官が調書をとり終わったら、被疑者に見せて『署名しろ』と言うんだ」

なんのことはない、検事が問答無用で「自白」をひとり語りして供述調書を作成してしまい、あとは被疑者に署名だけさせれば一丁あがりというやり方だ。

　これこそ正真正銘の作文調書だ。

　僕は息をのみつつ次席の指示に耳を傾けていた。

　次席はさらにこう指示する。

「もちろん被疑者は署名しないだろう。そのときはこう言うんだ。『これはお前（被疑者）の調書じゃない。俺（検事）の調書だ！』とな」

　決め台詞のつもりだったのだろうが、これを聞いた僕は絶句するしかなかった。

「お前の調書じゃない、俺の調書だ。だからお前には文句を言う資格はない。さっさと署名しろ」

　この手法こそが次席の切り札だったのだ。

　次席の口調には凄みがあった。特捜部に長くいたので、これは特捜流のテクニックだったのかもしれない。

　検事三年生の僕は何一つ反論できなかった。

　そもそも僕の自白調書には穴がある。その穴を埋めない限り起訴できないのだから、命じられたとおりにやるしかなかった。

　仮に自白がなくとも有罪にできると思っていたが、そんなことを少しでも言い出そうものなら、雷が落とされるのではないか、そんな凄みを感じる指示だった。

翌日午前十時ごろ、立会事務官と一緒に被疑者が勾留されていた警察署に行った。

被疑者が取調室の椅子に座るなり、僕は次席から教わった秘策の猿真似を始めた。

「いいか。聞いてろ」。僕はそう言うなり、きょとんとしている被疑者の目の前で「私は……」と一人芝居の役者のように「自白」をそらんじた。立会事務官が調書をとり終わると、僕はそれを受け取って被疑者の目の前に置き「署名しろ」と迫った。

被疑者は「何をやってるんだ、この人は？」と言いたげな表情でしばらくこちらを見つめると、「署名できません」と静かに返答した。

当たり前だ。自分は何もしゃべっていない。それにもかかわらず検事が勝手に作成した調書なのだから。

そこで僕は次席から授かった「決め台詞」を凄みながら告げた。「いいから署名しろ。これはお前の調書じゃない。俺の調書だ」

だが、猿真似にすぎなかったからか、そもそもこんな台詞になんの意味もなかったからなのか、被疑者は表情一つ変えずに「署名できません」と繰り返した。

万策尽きてしまった。次席から授かった必殺技はまったくの空振りに終わってしまったのだ。

そもそもこの日の取調べまでは、被疑者とそれなりの人間関係を築いており、初めての殺人事件を担当したときと同じように「うん、あなたの気持ちはよくわかる」と共感した上で自白調書をとっていた。そんな僕が突然言ってもいないことを勝手に調書にとって「署名しろ」と迫ってきたのだから、はらわたが煮えくり返っていたと思う。

しかし、こちらはとにもかくにも次席から命じられた「自白調書」をとらなければならない。拒まれようが、何がなんでもこの調書に署名させなければならなかった。安っぽい表現だが「やるしかない」、これがこの日の心境だった。

そのため、被疑者を怒鳴りつけたり、あるいは泣き落としめいたことを言ってみたり、あらゆる手を尽くして署名を迫った。

被疑者を怒鳴りつけるのは、実はすでに新任時代にやってしまっていた。そのときは被疑者も負けじと僕に怒鳴り返し、検事と被疑者が正面衝突して怒鳴り合う取調べだったので、まだ良心の呵責（かしゃく）は少なかった。

この日は「やるしかない」という思いしか頭になかったので、なんの抵抗感もなく被疑者を怒鳴りつけていた。

この時点で、「ダイバージョンを実践するのが検事」という理想から何万光年も離れたところに行ってしまっていたのだ。僕は被疑者を怒鳴りつけたくて検事になったのではない。振り返ると心が痛む。

この日、僕がやったのは取調べではない。自白の強要だ。ひたすら署名をもぎとるためだけに、被疑者を怒鳴りつけ、なだめすかし、泣き落としを仕掛け、あるいは詐欺師まがいの嘘さえついていたと思う。切迫した思いしか頭になかったので、実のところ、自分がやったことなのにこれ以上詳しくは思い出せない。

お互いに昼食をとってまた同じことを繰り返したが、被疑者は頑として署名しない。こちらも退くわけにはいかない。おそらく昼食後もひたすら怒鳴り、だまし、なだめすかし、泣き落としにかかっていたと思う。

署名がなされないまま、夕食の時間を迎えた。

立会事務官と警察署近くの喫茶店で夕食をとったが、思わず「どう思う？　ダメだろ、もう」と弱音を吐いてしまった。立会事務官も「そうですね。あれだけやってダメなんですから、もうしょうがないんじゃないでしょうか」と同意してくれる。なにしろ午前十時から始めて、二度の食事をはさんでいるとはいえ、数時間にもわたってありとあらゆる手を尽くしているのにどうにもならないのだ。「これだけやってダメなんだから、勘弁してくれるだろう」と思い、次席の携帯に電話をかけた。

「朝からずっとやっていますが署名しません。次席から教わったこともやりましたがダメです」とおそるおそる報告する。

すると次席は「ああ？　知らん」とぶっきらぼうに言っただけで、ぷつりと電話を切ってしまった。

とっくに日が落ちていた喫茶店の前の薄暗い道路で、呆然と立ち尽くしてしまった。

「署名をとらなければ家に帰れない」と心の底から思った。自分には逃げ場がまったくないと感じたのだ。

このとき心によぎったものは恐怖感とは少し異なっていたように思う。

もちろん次席の容赦ない叱責は怖かったが、それよりも、感情的な要素が何もない「絶対に署名をとらないと家には帰れない」というだけの思いだ。「署名をとれ」とだけプログラムされたロボットが抱くような思いとでも言おうか。

僕は催眠術をかけられたように「署名をとらなければ。署名をとらなければ」とだけ念じ、立会事務官と一緒に警察署に戻ると、被疑者との決戦に臨んだ。

やったことはそれまでと何も変わらない。怒鳴り、だまし、なだめすかし、泣き落とす……。

ただ、このときの僕は完全に機械のようになっていて、被疑者が何を言おうが絶対に署名をとるのだとだけ思いながら、いろいろなことを口走っていたようだ。だから夕食後についてはさらに記憶が薄い。

午後十一時を回ったころだった。僕は大した考えもなく「わかった。それなら法廷で勝負だ。被害者を証人尋問する」と言った。何の裏もなく、あくまで被疑者が争うのなら、起訴して公判で徹底的にやるしかないというありのままの気持ちを告げただけだった。

ところが、被疑者はとたんに「それはやめてください」と言い出した。被疑者は、被害者に好意を抱いていたのだ。

突然弱腰になったのに驚きつつも、ここが勝負どころだと思い、「それなら署名しろ」と攻め込んだ。

ついに被疑者は署名した。

思い返すと、被疑者をだましたわけではないが、事後的な脅迫ではあったと思う。相手の弱味を利用してゆさぶり、署名をもぎとったのだから。

当時の僕には「ああ、これで家に帰れる」という安堵感しか湧かなかった。署名をとったときにも達成感はまったくなかった。

僕はあくまで「署名ぶんどり機」として振る舞っただけだ。

その翌日、「自白調書」を持って行った。次席は微笑みながら「よくやった」とほめてくれた。

僕はとうとう、被疑者が一言も話していないのに、勝手に作文を調書にし、署名をもぎとってしまった。

新任時代の拳銃（けんじゅう）不法所持事件でも後味の悪い自白調書をとってしまっていたが、徳島地検での「自白調書」はそれとは比べものにならない代物（しろもの）だ。正真正銘の作文だったからである。

いわばこのとき、それまで撃てなかった鉄砲を初めて撃ってしまったようなものだ。

僕はこうして被疑者をしとめたことでついに「検事」になった。検察庁が求めるころの検事への改造が終わったのだ。

受験生時代から「ダイバージョンを実践することこそ検事の務めだ」と理想に燃えていた人間と完全に決別した瞬間だった。

次席はその後、ほかの検事が決裁に行ったときにも「市川は署名をとって来たからな」としばしば口にしていたらしい。僕を評価しての言葉だったのだろうが、ほかの検事からこうした話を聞くたびに、なんとも言いようのない複雑な気持ちになった。

「気持ちよく無罪にしろ」という懐(ふところ)の深い指示をしてくれた次席からほめられたのだから、嬉しい気持ちがあったことは認める。だが、「自白調書をとるためにはここまでやらないといけないのか」という暗澹(あんたん)たる思いを抱いたのも事実だ。徳島地検時代、僕は捜査でも公判でも急速に力をつけたと思っている。しかし、手放しで喜べはしなかった。

僕は任官三年を経て、受験生時代に思い描いていた検事から検察庁が求める「検事」に改造された。徳島地検で何を経験したのかと尋ねられたら、こう答えるしかない。

第三章　挫折（ざせつ）

大阪地検

一九九六年四月から九八年三月まで、僕は大阪地方検察庁に勤務した。嫌な思い出ばかりが残っている。

大阪地検は東京地検に次ぐ大規模庁だ。

検察庁の検事教育システムでは、大規模庁で新任生活を過ごさせた後、地方の小規模庁や支部で新任明けとして勤務させ、さらにその後もう一度大規模庁に送り込んでいわば中締めのような形で鍛えてゆく。

この大規模庁での教育期間を「A庁」という。この時期に配属される東京、大阪、名古屋などの大規模庁をA庁と呼ぶため、そこで教育されている検事を「A庁検事」というようになったことに由来する。

A庁を終えた検事は検察庁内部でも一人前として扱われる。A庁後の検事を「A庁明け」「シニア検事」と呼んだりもする。

僕は任官四年目でA庁入りしたが、それより前はさらに二年ほどの小規模庁勤務を経ないとA庁に入れなかったらしい。

以前の制度の方がよかったのではないかと思う。たった五年の実務経験で一人前というのは早すぎる。促成栽培し、本当の実力が備わっていない状態で形の上だけ一人前扱いするのは、検事に無用のプレッシャーを与えるし、何より事件関係者が迷惑する。

A庁では、一年間を刑事部（この時期に特捜部に配属される検事もいる）、一年間を公判部で過ごす。

僕の初めの一年間は公判部だった。十人ほどの同期と一緒に教育を受けた。

当時の大阪地検の公判検事たちは、法廷で弁護人と裁判官にひたすら頭を下げるのが仕事だったと言っても過言ではなかった。

この時期の刑事部長が専制君主のようなわがままな人で、膨大な数の事件を抱えているにもかかわらず、事件決裁にかける時間が異常に長かったばかりか、「金曜日は身柄事件の決裁以外はやらない」と言ってはばからなかったため、決裁が通らずに起訴できない在宅事件や追起訴事件がたまりにたまっていた。

窃盗が典型例だ。たとえば現行犯逮捕された被告人が余罪を犯していることがわかると、最初の身柄事件を起訴した後も被告人を余罪で追起訴する。

ところが、待てど暮らせど刑事部から追起訴がなされないので、いったん決まった公判期日では何もすることがなくなってしまうのだ。

追起訴がないからには、検事は何もしようがない。

自白事件の場合、すべての追起訴が終わり、被告人が犯した窃盗の全容がわからないと、弁護人はどの被害者に謝りに行って弁償しなければならないかがわからないので、こちらもまた何もできない。

となると、裁判官も手をこまねくばかりだ。

早い話が、法廷が開かれてもその期日はまったくの無駄なのだ。

多くの共犯者のいる複雑な事件であったりすると、当初予定した期日までに追起訴が間に合わないことがある。このような場合は、検事からあらかじめ期日を延期してほしいと裁判所に頼む。それができなければ、法廷で「事件が少々複雑なため、追起訴が遅れております」と説明して詫(わ)び、弁護人と裁判官から理解を得る。

ところが、当時の大阪地検では、追起訴が予定されているほとんどの公判で大渋滞が起きていた。

こうなると弁護人はもちろん、裁判官も「いったいどうなっているんですか」と怒り出す。とくに身柄事件では、単に追起訴が遅れているばかりに被告人が無意味に勾留され続けるのだから、たまったものではない。

僕たち公判検事はほとんどの法廷で「すみません、追起訴が遅れております」と平謝りするしかなかった。謝ってすむことではないが、まずは謝罪するしかない。

弁護人や裁判官は「もう最初の起訴から二か月も経ってますよ。いったいいつになったら追起訴が終わるんですか」と怒気を含んだ声で迫ってくる。

だが、すべてはわがままな刑事部長の決裁待ちに由来しているから、公判検事としては「いや、それがなんとも……」としか言いようがなかった。

弁護人や裁判官は「そんな無責任な話がありますか！」とさらに怒り出す。

公判検事は「まったくもって申し訳ありません。次回までに必ず追起訴が終わるよう努力します」と法廷で何度も頭を下げるしかなかった。

弁護人も裁判官ももはやこの程度では納得せず「次回って、いつまでですか？」とたたみかけてくる。

法廷が終わると、刑事部の主任に電話をかけて「弁護人も裁判所も怒り心頭に発していて、もう抑え切れません。追起訴、どうにかなりませんか」と懇願する。

公判検事も事情はわかっている。主任が悪いのではなく、決裁をしてくれない刑事部長が諸悪の根源なのだ。それでもさんざん叱られているから、たとえ刑事部の主任が先輩でも、こちらから追起訴を催促する電話をかけるしかなかった。

「お前、事情わかってるだろうが」と怒られたこともあった。むろん先輩の苦々しい思いは承知しているが、こちらも弁護人と裁判所をこれ以上待たせるわけにはいかないのだ。

このように、当時の大阪地検のメンバーは、たった一人の傲岸不遜な刑事部長のために、本来まったく抱えるべきではないストレスにさいなまれていた。

僕たち四十五期のＡ庁検事は刑事部と公判部に分かれて配属されていたが、刑事部の同期から話を聞くたびにこちらも消耗した。

決裁を受ける検事に銀行の窓口のように番号札が配られ、札をもらった検事は執務室でひたすら自分の順番を待っていたそうだ。どれもが複雑な事件であるわけではないのに、決裁に一時間ほどの時間がかかることはしばしばだったようだ。これではとても大規模庁の刑事部の仕事は回らない。

そもそも決裁それ自体が重箱の隅をつつくようなものだったばかりか、主任を徹底的に恫喝する類の乱暴なものだったという。僕が覚えている限りでも検事二人と副検事一人が入院した。ストレスで身体を壊してしまったのだ。

検事の中には、検察庁に寝袋を持ち込み、泊まり込んで仕事をしている人もいた。

当時の検察庁には「事件つぶしても検事つぶすな」という言葉が伝わっていた。「たとえ重大な事件が本来あるべき形で処分されなくても、検事が身体を壊して休んだり辞めてしまうよりはずっとましだ。事件よりも検事を大切にしろ」という意味である。

当時の刑事部長は事件も検事もつぶしていた。

この刑事部長に面会したことは一度もなかったが、部下を入院させても平気でいた人だと思うと、今思い出しても、いかがなものかと思う。

読者は「そんな異常な人がなぜ刑事部長でいられるのか」と思われるだろう。

僕も同様に思っていた。少なくともさらなる上司の次席や検事正が注意すべきだ、と。だが、聞くところによると、次席が注意しても刑事部長は聞く耳持たずで、とにかくやりたい放題だったようだ。

追起訴が遅すぎることに関して、なんと裁判官が検事正に「もっと早く追起訴をしてください」と苦情を述べたにもかかわらず、一年間を通じて何も事態は変わらなかった。

こんなでたらめな人がどうして大阪地検の刑事部長でいられたのかが不思議でならない。

もし僕が一年目に公判部でなく刑事部に配属されていたら、間違いなくストレスで入院していたと思う。公判部にいた同期たちとは「俺たち、公判部でよかったな」と不謹慎にも語り合っていたものだ。

問題判決

では、公判部の検事は法廷でひたすら「もうすぐ追起訴します」と頭を下げていればよかったのかというと、そうではない。こちらはこちらで辛かった。

大阪地検は東京地検に次ぐ大規模庁なので、毎日何十件もの公判が開かれる。そして、同数の判決が言い渡される。

そんな判決の中で、検察庁としては納得し難い、つまり「都合が悪い」ものを「問題判決」と称する。

最たるものは無罪判決だ。

また、殺人罪で起訴した事件が裁判所に殺意を否定されて傷害致死罪で裁かれるようなものを「認定落ち」といい、こちらも問題判決にあたる。

懲役五年を求刑したのに、その半分の懲役二年六か月以下の量刑をされるとこれも問題判決にあたる。

執行猶予期間中にまた罪を犯して起訴された場合、刑法には一定の条件があればもう一度執行猶予にできると定められているが、検察庁ではこれを「ダブル（執行猶予）」と呼んでいて、ダブルも問題判決にあたる。

このような判決がなぜ問題とされるのか、僕は通達文書を見たこともなければ、上司や先輩から理由を聞いたこともない。とにかく問題判決は問題判決なのだ。

問題判決が言い渡されると控訴審議が開かれる。

大阪地検では毎日何十件もの判決が言い渡されていたから、問題判決が出ない日はほとんどなかった。無罪や認定落ちは少なかったが、量刑が軽すぎる判決やダブルはほとんど毎日どこかで言い渡されていたような気がする。だから、ほとんど毎日のように控訴審議が開かれた。控訴審議は検事たちがその日の仕事を終えた夕方から始まる。昼間はほとんどの検事が法廷に立っているからだ。

これがとにかく辛かった。

地検どまりで完結するものもあるが、控訴すべき事件や大きな問題をはらんだ事件は高検の決裁も経なければならず、控訴は判決の翌日から十四日以内と刑事訴訟法に期限が定められているので、問題判決が出たら直ちに控訴審議を行なわないと間に合わない。

控訴審議においては、主任が判決内容はもちろん、その公判で自分が行った立証活動や弁護人の反証活動などをまとめたレポートを作らなければならない。問題判決が予想できていればまだしも、思いもかけない問題判決が出ると、主任は大あわてで記録を読み直し、懸命にレポートを作る。

たとえば金曜日に問題判決が出ると、控訴審議は翌週の月曜日か火曜日あたりに開かれるので、主任は金曜夜からレポート作りを始め、土日も出勤して必死にまとめ上げる。ヒラ検事全員が日ごろの公判の準備に備えて毎日冒頭陳述や論告を起案しているから、問題判決が出ると本来の仕事に大変なしわ寄せがくる。

こうして主任がどうにかまとめ上げたレポートを基に控訴審議を進めるのだが、僕はそこでばかばかしい場面を何度も目撃した。

上司が開口一番「レポートの中身が薄すぎて問題点がわからない」、あるいは「長すぎて読み切れない」と叱りつけるのだ。こちらはただでさえ忙しいのに、その合間をぬって一所懸命にレポートを作っている。それが、短いと「中身が薄い」、長いと

「読み切れない」と批判されるところから始まるのだから、「それじゃ、どうすればいいんですか」と言い返したくもなる。

金曜日に出た問題判決についての控訴審議を月曜日にやっているくらいだから、長かろうが短かろうが、十分に目を通していなかったのではないか。中身を読んだ上で「次からはもっと長く（短く）するように」と注意してくれるならいいが、読みもせずにレポートの形を批判するところから始まるから、審議のはじめからげんなりする。

大阪地検で主任として初めての控訴審議に臨んだとき、大あわてでレポートを作ったが、これがどういうわけか大阪地検の書式ではなかったため、審議の席上で上司から「書式が違う！」と叱られた。

事前に上司に提出していたから、せめてその時点で注意してくれてもよさそうなものだ。そもそも書式が違っていたとしても中身を読んでくれればいいと思う。もし僕が彼の立場だったら中身を読んだ上で注意する。人間は叩け(たた)ば叩くほど伸びるというものではないはずだ。

このように、控訴審議は主任を叱責するところから始まる陰湿なものだった。少なくとも僕はそう感じた。

審議の中では、上司やヒラ検事が主任に「こんな尋問をしたのはなぜなのか」「弁護人が請求したこの証拠に同意したのはなぜなのか」「なぜこのときに補充捜査をしなかったのか」と後知恵よりさんざん質問を浴びせる。

こんな質問を聞きながらいつも「いい気なものだ」と思っていた。

公判は、たとえば一度尋問した証人の再尋問をすることが難しいという意味で、やり直しがしにくい性質を有しているので、機転を利かさないといけない。主任は法廷で突発事故が起きたそのときそのときに懸命に考え、決断して、さまざまな立証活動をやったはずだ。

結果としてある立証活動が問題判決を招いたとわかっても「なぜこんなことをしたのか」と質問されたら、生真面目な主任は答えに窮してしまうし、そうでなければ「とにかくそう思ったからです」とわけのわからない答えを返して逃げるしかない。

そもそも控訴審議での質問は純粋な質問ではない。「なぜ」の裏からは「この点をちゃんとやらなかったお前が悪い」という責任追及の刃が見え隠れしているのだ。だから主任は次第に半べそになってしまう。

その後に誰かが何かしら知恵を授けてくれたような場面も多くはなかった。追いつめられた主任が「すみませんでした。そこまで思い至りませんでした」と苦しまぎれに言うと、上司から「謝ってもしょうがない」と追い討ちがくるし、「〇〇という理由で尋問しました」と答えると「それはまずかったな」と傷口に塩をすり込んでくる。主任が押し黙ってしまうケースがほとんどだった。今後同じミスをしないように、あるいはほかの出席者にも参考になるようにとの配慮を感じたことは少なく、僕が臨んだ控訴審議の大半は、「主任リンチ」にしか見えなかった。

だから極力発言しないようにしていた。問題判決を受けた主任がただでさえ気を落としているのに、後知恵で質問している検事たちの気が知れなかった。くだらない詰問に時間を費し、本来やるべき仕事にしわ寄せを起こしている自覚があるのかも疑問だった。

僕には「控訴審議はいじめの場だ」というイメージが刷り込まれてしまった。そんないじめに加担していると思うと質問するのははばかられた。つるし上げられている主任が気の毒で見ていられなかったのだ。同時に「明日は我が身だ」と感じており、へたに後知恵の質問をして、自分がこの場に臨んだときに仕返しでもされたらたまらないという、ゆがんだ心境に陥ってもいた。

こんな審議をほとんど毎日のようにやっていたから、前向きな意志より「問題判決を受けたらひどい目に遭う。問題判決はごめんだ」という後ろ向きの気持ちが大きくなっていった。

僕だけではなかったと思う。誰だってこんないじめの場に出るのは苦痛だから、そもそも問題判決が出ないように巧妙に立ち回るようになるはずだ。

　こうして検事は、ただ問題判決を避けるためだけに法廷で無茶な立証活動をしたり、判決を引き延ばすような悪あがきをするようになってゆくのだと思う。

法廷外活動

　大阪地検でも、肝を冷やした無罪事件がある。

　公判部の検事の編成が何かしらの事情で変えられたことから、同期が審理の最後まで手がけて論告まで起案した否認事件を僕が引き取ることになった。つまり同期が書いた論告を読むだけの仕事だ。

　この同期はとても優秀だったが、事前にその論告を読んだ僕は「これ、危ない（無罪になる）んじゃないか？」と思った。徳島地検で無罪判決を受けた論告を起案したときに感じたのと同じく、検察側に都合のいいことばかりが羅列されているだけで、弁護人に対する説得力のある反論が不十分に思われたのだ。

　それでも、期日は迫っていたし、同期が「絶対大丈夫だから」と太鼓判を押していたから、僕は「そうなのか」と思って法廷に臨んだ。

しかし、論告の朗読を終えて弁護人の弁論を聞くと、どう考えてもあちらに説得力があり、「そりゃそうだよな」と感じ入ってしまったのだ。

まさに徳島地検でのケースの再来だ。検事が弁護人の弁論に納得してしまう場合は、ほぼ間違いなく無罪だと思っていい。

そこで僕は公判が終わった後、公判部長に「この事件、危ないと思いますけど。弁論の方が説得力ありましたよ」と報告した。

部長が驚いて同期を呼んだが、「そんなはずはありません。絶対に大丈夫です」と譲らない。実際に立証活動をしてきた当人の言葉には重みがあった。

すると部長は僕に「お前、裁判官のところに行って様子をうかがってこい」と命じた。

判決は一九九七年三月下旬に言い渡される予定になっていた。

検察庁は問題判決自体からひたすら逃げ回っているわけではない。判決はあくまで裁判所が下すのだから、判決前からその中身に文句を言うことはできない。

だが、年末と年度末に問題判決が出ることは徹底的に避けようとする。

こちらも控訴審議が根本的な原因となっている。

年末に問題判決が出ると正月休みに、また年度末に出ると検事の異動時期に控訴審議をやらなければならない。どちらも、とくに高検の幹部が出てこない（それがなぜかはわからない。偉いからとでも言うしかない）から、この二つの時期に問題判決が出る事態をなんとしても避けたがる。

そのため、十一月や二月ごろになると「年末（年度末）に問題判決が出ないよう期日指定に注意されたい」などと書かれた文書が公判部に回ってくる。

部長から「裁判官の様子をうかがってこい」と命じられたのは、無罪判決になるのは仕方がないとして、それが年度末に出ると大変な事態になるから、裁判官の心証を探ってこいという意味だった。

上司や先輩の中には「公判検事は、何も用がなくても毎日の法廷が終わったら必ず裁判官室に行ってあいさつをするように」と指示し、これを「法廷外活動」と平気で呼んでいた人がいた。

はっきり言えばご機嫌うかがいだ。日ごろからこびを売っておけば、いざというときにこちらに有利な判決を出してもらいやすいという心情から出たものだ。

僕はこの法廷外活動が大嫌いだった。

そもそも検事と裁判官が内通すること自体がよくない。

検事は裁判官のご用聞きではないし、言うべきことは法廷で堂々と言えばいい。僕はそう考えて仕事をしていたつもりだ。

正直に言うと、裁判官から電話で呼ばれたり、問題判決が予想されたときに裁判官室を訪ねたことはあった。それでも「用がなくても毎日あいさつ」まではしなかった。いくらなんでもそこまで卑屈な検事は少なかったと思うが、これを平然と命じていた上司や先輩が存在していたのも事実だ。

このときも嫌だったが、上司から命じられたのではしようがない。やむなく裁判官室に出向き、「あの、大変恐縮ですが、判決の中身自体をどうのこうのと申し上げるつもりは一切ありません。ただ、こちらにも立場がありまして、判決の時期が時期ですので、なんでしたら判決の時期を新年度に延ばしていただけませんでしょうか」としどろもどろに持ちかけた。情けなかった。

裁判官に「検察官は横綱相撲をとってもらわないと困ります。そんなことには応じられません」とつっぱねられた。この言葉から「やっぱり無罪だ」とわかった。ねばったらみっともないのでただちに引き上げて、部長に「ダメです。無罪です。期日も延期してもらえませんでした」と報告した。

部長は「それならしょうがない」と動じなかったが、僕は「おいおい、俺は全然知らない事件なのに、年度末に控訴審議の主任かよ」と青ざめた。

ところが部長は「お前にできるわけがない。控訴審議は○○にやらせる」と言った。

要するに、立証活動を務め、論告の起案までを行った同期が控訴審議の主任を務めるわけだ。その言葉に胸をなで下ろしたが、同期は「そんなはずはないです。無罪になるはずがない」と最後まで怒っていた。

この事件の判決期日の法廷には僕が立ったが、案の定無罪となった。

しかし同期は控訴審議に堂々と臨んだばかりか、孤軍奮闘して補充捜査をやり遂げ、高検の決裁も突破して控訴にこぎ着けた。

検察庁が問題判決の時期に神経をとがらせるのは、お役所ゆえにやむを得ない面もあろうと思う。

だが、慌(あわ)てて裁判官室に駆け込むことになった僕にとっては、受験生時代に思い描いていた検事像がまた大きく揺らいだ事件だった。

「検事って情けないな」と感じざるを得なかったからだ。

被疑者の口から泡

公判部の上司としては部長のほかに副部長がいたが、当時の副部長は特捜部出身だった。

僕は彼の言葉に何度も憤りを覚えた。

まず驚いたのは、副部長が「捜査をできない検事が公判をやるんだ」と言い放ったことだ。優秀な検事は捜査を担当し、できの悪い検事が公判をやるという意味だ。これを聞いて心底腹が立った。

徳島地検の公判ですべての証拠を否定された「焼け野原無罪」の地獄を見たことで、僕は「これからは公判の時代だ」と思っていた。

今でも変わらない持論だが、法廷で尋問できる力がなければ検事は務まらない。弁護人と裁判官が監視する中で正々堂々と尋問できない検事に、どうして取調べができようか。

そして、きちんと真犯人を起訴したとして、その犯人を適正に処罰する判決をもらってくるのは公判検事だ。

公判検事は野球で言えば抑え投手である。起訴前の捜査がどんなに盤石でも、その成果を裁判所に認めてもらえなければなんの意味もない。法廷で弁護人と渡り合い、裁判官を納得させるのは公判検事だ。

しかし、僕が駆け出しのころの検察庁では、副部長が言い放ったとおり、捜査が圧倒的に優位だった。「公判部は記録の運び屋だ」という言葉さえまかり通っていた時代だ。公判は自白事件が多いので、公判検事は起訴検事が整えた記録をひたすら裁判所に持って行くだけの、いわば誰でもできる仕事をやっているという意味だ。なにしろ、起訴すれば九九・九パーセントが有罪になるのが数字上での実情だ。長らく「捜査重視、公判軽視」の時代が続いていたのは無理もない。

ましてや大阪地検公判部の副部長は天下の特捜部出身だったから、なおさら「捜査をできないできの悪い検事が公判をやる」と言ってはばからなかったのだろう。

この副部長に、特捜部在籍時の恐ろしい自慢話を披露された。

「俺が初日に被疑者を取り調べると、被疑者は必ず口から泡を吹いて倒れた。最初にそこまで『かまし』を入れておくと割れる（自白する）んだ」

被疑者が口から泡を吹いて倒れる取調べとはどのようなものだったのだろうか。怒鳴りつけたくらいでそんな事態が起きるはずがない。

恐ろしさと不愉快さとがあいまって、詳細を聞く気にもなれなかった。

そして、こんなことを自慢したくなる特捜部は心底怖いところだと思った。

徳島地検から転勤するとき、次席から「市川、がんばって特捜に行け」と励まされていたが、副部長の言葉を聞いてからは特捜部への興味が消し飛んだ。

そもそも公判をばかにする発想に疑問があったのだ。

「お前の守備範囲を守れ」

僕は大阪地検の公判部に配属されていた一年間、裁判官一人が審理をする「単独法廷」を担当していた。

あと一人をのぞくと、ほかの同期は裁判官三人が審理する「合議法廷」を担当していた。

合議法廷は重大事件や複雑な事件を審理するため、検事も苦労が多いが、単独法廷は合議法廷に比べれば事件記録が少ないので検事の負担自体は軽い。無期懲役や死刑を求刑するような事件も回ってこない。

なぜ担当することになったのかはわからなかったが、当時の僕は多くの同期が難しい事件をこなしている様子を横目で見ながら「みんな日に日に実力をつけている。それに比べて俺は何をやっているんだろう」と焦っていた。配属がそうなったからには焦ってみても仕方がなかったが、同期が大事件を次々とこなしていると思うと、取り残されてしまうのではないかと不安だった。

これは消極的な意味での出世欲だったように思う。

検事になったときから他人を押しのけてまで偉くなりたいと思ったことはなかったが、横浜地検では新任が二人きりだったのに対して、大阪地検には十人ほどの同期がいたので、どうしてもその様子が気になってしまった。

抜きん出たいと思っていなくても、他人から置いてけぼりを食いたくないと思うならば、それは出世欲だと思う。

そんなころ、たまたま東京に出張する機会があり、久しぶりに司法研修所の検察教官と二人だけで飲む機会を得た。

「俺だけ単独やってるんです。ほかの同期はみんな合議やってるんですよね。俺、このままだと力がつかないですよね」と教官に悩みを打ち明けた。

教官はすぐさま「そんなのは関係ない。お前はお前の守備範囲を守れ」と言った。

お前はお前の守備範囲を守れ。この言葉がその後の僕の検事生活を支配した。

おそらく適材適所という意味合いだったのだろうが、大いに元気づけられた。

「そうだ、俺には俺の守備範囲があるんだ。現在の守備範囲を守り抜くのが俺の役目だ」

迷いがふっ切れた。

この言葉を聞いた後は、どこに転勤しようが、どんな立場になろうが、どんな事件を担当しようが動じなくなった。自分の守備範囲を守り抜くことがすなわち検察庁に貢献することになる。同時に、自分を高めることにもつながるのだ。

弁護士となった今もなお、僕は自分の守備範囲を守り抜こうと思って仕事をしている。

悪夢の決裁

大阪地検刑事部に移ってからの一年は、検事生活の大きな分岐点だ。

この一年間は公判部時代とは比べものにならないくらい辛かった。思い出すのさえも辛い。

刑事部では、まず副部長の決裁を仰ぎ、これを突破した後に部長の決裁を経なければならない。ちなみに、公判部時代にいた「わがまま部長」は転勤して新たな部長に代わっていた。

　ほとんどの事件は部長どまりで処理できたが、殺人、放火といった重大事件だとさらに次席、検事正の決裁を経る決まりになっていた。つまり、最もややこしい事案だと四段階もの決裁を全部突破しないと処分が決められないのだ。

　検事正や次席は毎日予定が埋まっていたので、重大事件を担当したときは事件をもらったその日に検事正と次席の予定を把握して、空き時間に決裁に飛び込めるよう捜査のスケジュールを立てなければならなかった。

　上司の予定に合わせて事件を捜査することが面倒で仕方がなかった。「このルールはおかしいのではないか」と疑問を抱いていた。

　上司の予定に合わせるために、警察に時間の余裕がない無理な補充捜査を頼まなければならないし、参考人をじっくり取り調べる時間もけずられる。何より被疑者の弁解を聞き出す時間が後回しになる。わずらわしい弁解をする被疑者には高圧的になってしまい、「うるさい、黙ってろ」と言わんばかりの取調べを行うはめになる。

　こうした悪条件をものともせずに事件を捜査し、きちんと決裁を受けられる部下こそが優秀なのかもしれないが、腰をすえて事件に取り組みたいと思うのはプロとして間違っていないはずだ。まじめな執務姿勢がないがしろにされかねない決裁システムは問題だと思う。

また、副部長に起訴状を添削され、そのとおりに書き直して部長に出すとさらに添削され、それを直して次席に出すとまた添削され、いつの間にか自分が最初に書いた文面に戻っていたこともあった。

非生産的この上ない。

「お前らで勝手に起訴状書いてろ」と怒りをぶつけたくなった。

添削のたびに起訴状を印刷し直してくれた立会事務官に申し訳なくて仕方がない。彼らの苦労を歯牙にもかけない上司たちに疑問を持っていた。

僕が次席や検事正の決裁が必要な大事件を担当することは少なかった。それでも副部長と部長の決裁は不可欠だった。

徳島地検でも次席と検事正の決裁を受けていたので、二段階の決裁自体には慣れていたつもりだったが、大阪地検刑事部でのそれは僕にとっては生き地獄のように感じられた。

当時、副部長は三人いて、初めは自分を一年間通して決裁する副部長が決まっていた。ところが、担当副部長とどうにもそりが合わなかった。

被疑者が事実を否認している事件を捜査して、自白がなくても有罪だと立証できると確信して決裁を仰ぐと厳しく責められた。

僕が「否認でも起訴できるだけの証拠があります」と説明すると、副部長は「そんなに証拠があるなら割れ！」と言い放った。否認のままでも有罪判決が得られるくらいに証拠があるのなら自白させろという命令だ。

徳島地検で初めて正真正銘の「作文自白調書」をとってしまったときも辛かったが、大阪地検刑事部での被疑者取調べは過酷を極めた。被疑者にとって大いに辛かったはずだが、取り調べる側の僕もとことん神経をすり減らした。

「作文調書」の項で前述したが、いったん否認している内容の調書をとった後に自白させるのは至難の業だ。被疑者は「これで終わりだ」と思っているからだ。そのため、決裁でいきなり「割れ！」と命じられても、ほとんど割ることができなかった。

徳島地検で「これからは公判の時代だ」と思った僕は、否認事件でも有罪だと立証できる証拠があればなんの問題もないはずだと信じていた。それに、僕は被疑者が大嘘つきだとわかるような否認調書をとるのはうまかった。公判で否認する被告人を尋問して追いつめた経験を活かしていたのだ。

なまじ無理な取調べをして自白調書をとっても、公判でその任意性が問題とされるのは必然で、任意性が否定されるとせっかくの客観的証拠までもが裁判所に信用してもらえなくなる。僕はこんな風に考えていた。

僕は、検事が提出した証拠の一角が裁判所に否定されることで事件の評価全体がおかしくなるのを「心証の雪崩現象」と呼んでいた。

たとえば自白調書の任意性や信用性が裁判所に否定されると、その事件の捜査全体に疑問を抱かれ、なんの後ろめたさもないほかの客観的証拠も「何かしら無理やいんちきをしてこしらえたのではないか」と思われる。

心証とは実際には理路整然と説明できる思考過程ではないと思う。誰だって不良品が一つ交じっている箱を見れば残りの製品も怪しいと感じるだろう。心証とはそういった類のものだ。この見立てはけっして間違っていないと今でも思っている。

だから、副部長から「割れ！」と言われても、徳島地検時代のような気力はわかなくなっていた。いったん否認調書をとった被疑者を自白させるのは有害無益だという考えをどうしても捨て切れなかった。

そもそも否認調書をとると叱られた。

決裁の席上で副部長から「なぜこんな調書をとったんだ」と責められる。

公判部での陰湿な控訴審議と同じように、「なぜ」とだけ言われても困る。被疑者が否認しているのだから、そのままの供述を調書にとっただけだ。

自白調書をとれない理由を説明できず口ごもっていると、副部長は「なぜなんだ！」とさらに迫ってくる。たまらず「いや、割れなかったので……」とうめくように答えるしかなかった。

すると「なぜ割れない？」とくる。雪隠詰めだ。検事はえんま様ではないのだから、割れないものは割れない。

副部長の決裁はこのように居直る気力すら失わせていくようなものだった。とにかく責められっぱなしなのだ。「なぜこんな調書をとった？」「なぜこの点を調べなかった？」「なぜこんな起訴状を書いた？」。こうした言葉を立て続けに詰問調で浴びせられた。

まるでこちらが被疑者（しかも黙秘権がない）で厳しい取調べを受けているような気分だった。

今なら「私にはその程度の力しかないからです。でもちゃんと有罪になりますよ。いけませんか？」と堂々と切り返せるだろうが、なにしろ当時は検事五年生だ。問い詰められた末に「すみません」と謝るしかなかった。

すると「謝れなんて言ってない。お前は大検事なんだ。謝るな」と嫌みまでぶつけられた。

副部長にしてみれば、若い検事を厳しく鍛えていたつもりだったのだろう。こうしたスパルタ式の指導で発憤するタイプの検事もいれば、「どうして俺は間違えたんだろう」と悩みを抱え込んでしまうタイプの者もいる。

僕は明らかに後者だった。副部長から叱られるたびに「何を言ってやがる」と反発できずに「どうして俺はダメなんだろう」と落胆するばかりだった。

副部長に完膚なきまでにやりこめられてがっくりしていたのは僕だけではない。僕たちA庁検事からは次第に活気が失われていった。

決裁で指摘されたことをこなすのに精一杯だったため、同期で集まって愚痴をこぼしあう時間さえなく、みんな執務室にこもり切りだったので、鬱屈(うっくつ)した雰囲気が漂っていた。

上に立つ者は部下の個性を見抜き、その個性に見合った指導をしてもらいたい。

「割れ！」「立てろ！」

「割れ！」という命令のほかに、もう一つ大きな抵抗を感じた言葉があった。「立てろ！（起訴しろ）」だ。

自分なりに事件を捜査し、「これは証拠が足りない」あるいは「この事件（被疑者）を起訴して前科者にしても意味がない」と思いつつ決裁を仰ぐと、割れないことよりずっと厳しく叱られた。

ある事件で僕が被疑者を釈放しようと決裁を仰いだとき、副部長にかつてないほど厳しく、そして大きな声で「お前、これは釈放なんかしていい事件じゃないぞ！」と叱られた。

たしかに当時の僕は半人前もいいところだった。だが、それでも徳島地検で鍛えてもらい、大阪地検公判部でも経験を積んだ上での判断だ。頭ごなしに否定されるほどおかしいとは思いたくなかった。

副部長の決裁によって、そんな僕の小さな自信が日を追うごとに崩れ去っていった。

振り返ると、副部長が何度も何度も口にしていた「割れ！」「立てろ！」はどちらも強気の発想だとわかる。

「否認でも起訴できる証拠があるなら自白させろ」

「起訴という選択肢があるからには絶対に起訴しろ」

検事が判断に迷った分岐点では、必ず被疑者にとってより厳しい方向に舵を切れという指示が下った。

僕は大阪地検刑事部に配属されるまでの四年間の検事生活で、これとはまったく逆の信条を持ちつつあった。

否認していても他の証拠で有罪にできるのであれば無理に自白させる必要などない。法廷で勝負すれば十分だ。

起訴か不起訴か迷ったら不起訴。とくにこれは、そもそも僕が受験生時代から検事の職責として目指したダイバージョンの実践のための信条だった。

こんな信条を根底から徹底的に否定するのが副部長の決裁だった。

ただし「割れ！」「立てろ！」という命令はけっして副部長独自の発想によるものではない。

「自白させられるものならとことん自白させろ」

「起訴できる事件はとことん起訴しろ」

これは当時の検察庁の鉄の掟だったのだ。とてもダイバージョンの実践どころではない。

大阪地検刑事部での決裁で徹底的に痛めつけられた僕は「ダイバージョンを実践する法律家こそ検事だ」という理想を完全に失ってしまった。

決裁という地獄をどう乗り切るか、どうかわすかが目的にすり替わっていった。

「目の前の苦痛から逃げられれば事件や被疑者がどうなろうとかまわない」

公判部での控訴審議で感じたのと同じような後ろ向きの腐った根性を持つ検事になり下がっていった。

毎日のように法律家としての判断が否定され、「なぜこんな調書をとった？」「なぜこんな判断をした？」と問いつめられるうちに、僕は苦悩し、混乱した。

「検事はひたすら自白をもぎとるのが仕事なのか？ ひたすら起訴して人を前科者に仕立て上げるのが仕事なのか？ おかしいじゃないか」

だが、副部長にこうした思いをぶつけることは一度もできなかった。

上司の意見に楯突くからには単に「おかしい」ではダメだ。

たとえば「副部長はそうおっしゃいますが、この点につきましては、○○の証拠がありますから、これを踏まえますとあえて起訴する必要はないと私は思います」や

「割るのも結構ですが、この被疑者は否認のままで起訴する方がかえって重い量刑の判決がもらえると思います（これは実は残忍な発想だが）。それに、××さんを証人尋問すれば弁護人は公判の途中で反撃をあきらめるでしょうから、公判部に負担をかけることにもならないと思います」などと、きちんと証拠と事実によって上司を説得しなければならない。

芯が強くて、しかも優秀な検事なら、五年目であろうが三年目であろうが、こうした理路整然とした反論をして上司を説得し、自分の意見を通すことができるだろう。一方、上司から何かしら指摘されたとき、なんの抵抗感もなくすべてをすんなり受け入れてしまう無節操な検事も、「おかしいのではないか」という悩みを抱えないですむことに限っては幸せだと思う。「わかりました！　そうします！」と調子よくやっていれば仕事が進むのだから、これはこれでひとつの生き方だろう。

僕には、上司を説得する実力や、敢然と立ち向かう度胸がなく、さりとてその指示になんの迷いもなく従うことのできるほどふぬけでもなかった。半端者だったばかりに、決裁では自分の思いと上司の指示との矛盾をどう解決するかというストレスがいつもつきまとった。

「それはおかしいと思います」と心の中では思っても、それを口にする度胸がない。

上司を説得しようにも「なぜこの点を調べていないんだ」という詰問の中でミスが明らかになっている以上、証拠や事実によって反論することができない。

「全部俺がばかだから悪いんだ」と毎日自分を責め続けていた。

決裁は、健全に機能させれば検事を教育する最良の場となる。

僕は、副部長に毎日痛めつけられてもなお「身内の上司すら説得できないからには、裁判官を説得できるはずがない」と思い自らを納得させていた。この考え自体は間違っていないと思っている。

問題は決裁のやり方だ。

部下が押し黙ってしまうまで問いつめたり、頭ごなしに「割れ！」「立てろ！」とむちを打つようなやり方に向かない検事は僕一人だけではなかったはずだ。

とことん追いつめなければ、検事は一人前に育たないのだろうか。

そうではないと思う。

その好例が徳島地検での決裁だ。徳島地検でも自分の意見が通らなかった決裁をたくさん受けたが、「全部お前が悪いんだ」とまで追い込まれた経験はなかった。

ただただ「割れ！」「立てろ！」とばかり言われ続けたために、僕は自分がまったく信じられなくなってしまった。来る日も来る日も「割れ！」「立てろ！」と叱られるうちに、いつの間にか眠りが浅くなり、事件記録を読んでいても頭の中で副部長の「割れ！」「立てろ！」という声が鳴り響くようになって、目で字面を追ってはいても中身がまったく頭に入らなくなってしまった。

参考人を呼び出そうとしたり、警察に補充捜査を頼もうとしても、「お前は間違っている」という副部長の声が頭の中に響き渡ってしまい、何もできない。


自律神経失調症を発症していた。一九九七年七月ごろだった。

軽度の鬱状態に陥り、ものごとがまともに判断できなくなってしまったのだ。

後に主治医から聞いたところによれば、簡単なことすら決断できないのは、鬱状態のせいだったらしい。鬱病ではなくとも、健全な精神状態ではないのだ。

頭の中で鳴り響く「割れ！」「立てろ！」「お前は間違っている」という声にすっかり参ってしまった。

内心では「どうしてなんでもかんでも割らないといけないのか？」「どうしてなんでもかんでも立てないといけないのか？」「俺の判断は本当に間違っているのか？」と抵抗していたのだと思う。

副部長から毎日強いられた「割れ！」「立てろ！」という命令と内なる叫びとの折

り合いがつかなくなってしまい、とうとう精神が悲鳴を上げてしまったのだ。

このころ、僕は初めて「もう検事を辞めよう」と思った。副部長の決裁にはとても応えきれないと思ったからだ。神経が疲れ切っていた。

そこで刑事部長に「何も考えられなくなって記録が読めません」と相談した。

部長は「お前は今、大事な時期だ。つぶれたらまずい。それなら担当副部長を代えるか?」と気遣ってくれた。即座に「それはやめてください」と拒んだ。

副部長の厳しい決裁の根底には、僕を一人前にしようという親心があると理性のレベルでは理解していたからだ。それに、特別扱いされるのは僕が何より嫌いなえこひいきにつながる。

しかし、このまま決裁を受け続ければますます心を病んでしまうのも間違いなかった。

そこで、二週間ほど休みをもらって帰省し、静養することになった。

この間に地元の神経科に通い、自律神経失調症との診断を受けた。薬を飲んだ。何より仕事から、忌まわしい大阪地検から解放されたために、みるみるうちに回復していった。

職場に復帰すると、部長が「副部長ローテーション制度」を作っていた。A庁検事全員が、当時三人いた副部長の決裁を四か月ずつ順に回って受けるという仕組みができていたのだ。

僕はほかの同期と一緒に別の副部長の決裁を受けることになっていた。そりの合わない副部長から解放されたのだ。

このローテーション制度は、部長が僕を気遣って作ってくれた仕組みだとすぐにわかった。本当にありがたかった。僕だけが特別扱いされることなく、例の副部長から逃げられたのだ。

さらに、ほかの検事たちには内緒で、事件を割り振られた段階で必ず部長の指導を受けさせてもらえることになった。

毎朝部長室に行き、僕が考えている捜査方針を説明する。

部長はいつも「うん。それでいい。お前はおかしくない。間違っていないぞ」と背中を押してくれた。

部長自ら若手のリハビリ役を買って出てくれたのだ。

僕は部長の個人授業を受けることで自信を取り戻した。

なにしろ最初に部長から捜査方針が間違っていないと太鼓判を押してもらっているのだから、気持ちよく仕事ができないはずがない。

相変わらず被疑者は割れなかったが、「割れなくてもしょうがない。俺はそういう検事だから」とかろうじて居直れるようになった。

また、二人目、三人目の副部長は、最初の副部長とは決裁の味が違っていて、理詰めでこちらを追いつめるようなことはしなかったのも幸いした。

さらに、次席や検事正の決裁を受けるような重大事件の担当はしなくてよいことになった。部長どまりの事件ばかりやることで決裁までのスケジュールに余裕を持て、おかしくなりかけた頭を正常に戻すことができたのだ。

その代わり、処分保留により釈放された事件や、在宅の事件をひたすら不起訴処分にする仕事を与えられた。

身柄事件ばかりやっていると、どうしてもこの手の事件の処理が遅れてしまう。いわば最前線で身柄事件と闘っている検事たちの後ろに回って球拾いをする役目になったのだ。

屈辱とは思わなかった。それどころか、居場所を見出(みいだ)してくれた部長に感謝した。公判部時代に教官から授かった「お前はお前の守備範囲を守れ」の言葉どおり、まさに新しい守備範囲を得たのだ。

そう思うとやる気が出た。一所懸命に不起訴裁定書を書き、決裁を通した。

この時期にひたすら不起訴処分を経験したことが後の検事生活に役立ったと信じている。「ダメなものはダメ」という事件のツボがわかったとでも言おうか。「こういう問題点のある事件が不起訴になるんだな」と実地に学べたのだ。

そして、部長からさらなる守備範囲を与えられた。

先輩検事が手がける大事件に応援として入り、先輩の指導に従って被疑者や参考人の取調べをする役目に任じられたのだ。

検察庁では、たくさんの共犯者や参考人がいる複雑な事件の捜査に若手検事が応援に入り、主任の指示する被疑者や参考人の取調べにあたることは日常茶飯事だ。

ひたすら不起訴裁定書を書く一方で、起訴する事件については先輩検事の仕事から学べるよう配慮してもらったわけだ。

一種のえこひいきかもしれなかったが、同期と同じレベルの仕事をしたらいつまた心を病むかわからないという点で、部長の判断は正しかったと思うし、僕自身も恥ずかしくもなんともなかった。

誰かがやらなければならない仕事をきちんとこなしているのだから、同期に引け目を感じる必要はない。

そもそもこれが僕の守備範囲なのだ。それを守り抜くことが僕が検事であることの証しなのだからと、胸を張って仕事をしていた。

先輩検事の応援をたくさん務められたのも、その後の検事生活の大きな糧となった。先輩からの指示を通じて、後輩の指導方法を学ぶことができたからだ。

「検事、私は感動しましたよ」

しかし、とある大事件に接して、受験生時代から描いていた検事像と完全に決別するはめになった。

大阪府警の本部、それも暴力団関係事件を扱う「四課」の事案で、やくざがからんだ強盗殺人事件だった。

僕は主任からこの事件の首謀者の取調べを受け持たされた。重責だ。

被疑者を最初に取り調べたときには、すでに自白していたので簡単な自白調書をとった。この調書を主任に見せると「こんな簡単な自白調書で大丈夫か？」とやんわりと注意された。後に否認された場合を想定しているのだ。被疑者からそれなりに自白を得ていたので、「すみません。これからもっと詳しく調書をとります」と謝った。

ところが、その後大阪で有名なすご腕の刑事弁護士がこの被疑者の弁護人についた。彼からなんらかの助言を得たようで、被疑者は一転して全面否認し出した。

大変な事態になった。

僕がとった自白調書はほんの二、三ページだ。このままではとても起訴できない。見通しの甘さを後悔したが、後の祭りだ。

警察も僕も必死になってこの被疑者を割ろうとしたが、弁護人が毎日のように接見して励ましていたため、一向に割れなかった。警察にも大変な迷惑をかけていると思うと、どん底に落ちたような気持ちになった。「俺がこの事件をつぶしてしまうかもしれない。どうしよう」。そう思うと不安で眠れなくなった。

結局、首謀者以外の共犯者や参考人の供述などの証拠をがっちり固められたので、首謀者が否認のままでも起訴できるという見通しがついた。

首謀者を割れないというプレッシャーを抱えてはいたが、主任は「しょうがない。気にするな」と言ってくれた。

その優しさに触れたことで、かえって自分を激しく責めた。「主任に恥をかかせてはならない」。被疑者を是が非でも割らないといけないと思った。

だが、元来割るのが不得手な僕に、腕ききの弁護人がついている被疑者を割れるはずがない。

とうとう勾留の最終満期が近づいてきた。

主任は検事正の決裁ももらい、首謀者否認のままで起訴するという結論が出た。そして、僕にこんなことを命じた。

「市川。もう割れなくてもいい。だから最後の調べでは何をやってもかまわん。ただし手は出すなよ」

主任の言葉を聞いてなんとも言いようのない申し訳なさを感じた。「割れなくてもいい」と言ってくれた優しさが僕の責任感を変な形で刺激してしまった。いや、これはもっぱら僕の受け止め方の問題で、主任は本当に否認のままでいいと言ってくれたはずなのだが。

僕は満期直前の最後の取調べに臨み、「こいつを殺してでも割ってやる」と気合を入れた。

こうして書いてみても恐ろしくなるが、当時の僕は本気でこう思っていた。むろん、被疑者に暴力を振るうつもりはさらさらない。だが、言葉の暴力で被疑者を「殺してでも割ってやる」と決心していた。

およそまともな人間の考えることではない。まして、ダイバージョンを実践するんだという志とは正反対の発想だ。

しかし、僕は徳島地検ですでに鉄砲を一発撃ってしまっている。「一人殺すも二人殺すも一緒だ」という思いがあったのかもしれない。

僕の頭には大事件をつぶしてしまったという自責の念しかなかった。本当につぶしたわけでもないのに。被疑者がどうなろうとどうでもよかった。

振り返ると、当時の僕が背負っていた責任感は、まさに検察庁が求めるそれだったのかもしれない。

「(被疑者がどうなろうが)割れ！(被疑者がどうなろうが)立てろ！」

あれほど嫌悪(けんお)した副部長のモットーを、自らすすんで実行しようとしていたのだ。主任や警察といった人たちに迷惑をかけてしまったという思い自体は正常だが、それを埋め合わせるために被疑者になんでもやってやろうという発想。こんな発想を抱いた僕は完全に検察庁に飼い馴(な)らされていたのだろう。

なんのためらいもなく狂犬のような取調べを始めた。

朝の十時ごろから昼食、夕食をはさんで夕方六時ごろまで、被疑者を徹底的に怒鳴りつけた。おそらく読者が想像するどんなレベルをも超えた、人間が発するとはとても思えない大きさの怒号を浴びせ続けたのだった。

僕は高校時代に応援団に入っていて野球場でエール交換をやっていたくらいだから、その気になればとてつもない大声が出せる。五十センチほどしか離れていない被疑者に向かって、その場が野球場であるかのような猛烈な怒号をひたすらぶつけた。

それでも脅迫にあたる言葉は口にしなかった。ただ「ばか野郎、この野郎」という罵声(ばせい)を全身の力を振りしぼって浴びせ続けた。この日は休日だったが、後日、僕の執務室の二階ほど上にいた特捜部の先輩検事が「頭のおかしな被疑者がわめき散らしているのかと思ったよ」と笑いながら言ったくらい、大阪地検の建物全体に聞こえるほどの怒号でまくしたてていた。

被疑者はうるさそうにするでもなく、苦痛を感じているそぶりもなく、ただただ虚空(こくう)を見つめて押し黙っていた。表情ひとつ変えはしない。

「狂犬のような取調べ」には、なんの意味もなかった。

当たり前だ。もう最終満期が目前なのは被疑者も知っている。ここまできて自白するような間抜けな人間ならとっくに割れているし、何より一流の弁護人がついているのだから、僕の行為は単なる自己満足にすぎなかった。

それでも、やっている最中の僕は大まじめだった。なにしろ「殺してでも割ってやる」と思っていたのだ。「こいつがぶっ倒れるまで怒鳴ってやる」と本気で思っていた。

　そう、公判部時代に憤慨した副部長の「被疑者が口から泡を吹いて倒れた」という言葉のとおりにやってやろうと必死だった。嫌悪したはずの上司と同じ道を歩んでいこうとする僕がいた。

　このばかげた取調べは、日が暮れた後、主任が突然ドアを開けて入ってきて、被疑者に「おい、本当にそれでいいのか？」と一言声をかけ、僕に「もういいだろう」と指示したことで終わった。

　十二年九か月にわたる検事生活で最も非人間的な取調べを行ってしまったのがこのときだった。割ろうと思ったのではなく、殺してやろうと思っていたのだ。こんなものは取調べではない。拷問だ。

　だが、愚かな僕は、せめて被疑者が倒れるところまで追いつめることで、主任に迷惑をかけたことを挽回しようとしていた。怒りにまかせて感情的に怒鳴っていたのではなく、意図的に怒鳴っていたのだからかえって始末が悪い。

　この事件を起訴した後、捜査にかかわった検事と大阪府警本部四課の捜査担当者が集まって打ち上げをやった。

どうやら僕がばかげた取調べをやった日に、警察の捜査担当者も検察庁に来ていたようで、宴会の場で彼から「市川検事、私は感動しましたよ。あそこまでやる検事さんを見たのは何年ぶりですかね。ありがとうございました」と声をかけられた。

心の底から嬉(うれ)しかったわけではなかったが、警察が僕のミスを許してくれたという安堵感(あんどかん)があったのは事実だ。その捜査の厳しさゆえに、やくざの連中ですら「とても耐え切れない」と恐れていた大阪府警本部四課の刑事からほめられたのだから、悪い気はしなかったのだ。

かつて志した検事像を思い返すことすらしなかった。徳島地検で感じた罪の意識はもはや抱いてはいなかった。

しかし、ここまで異常な取調べをやったからには、たとえ割れなくても、将来の公判で証人に呼ばれるだろうと覚悟はしていた。そのため、取調べ中の被疑者の表情の似顔絵をノートに書いたりして、いつでも思い出せるようにその後の転勤先にも持っていった。

証人尋問されたら、正直に証言するつもりでいたのだ。

結果的には証人として呼ばれることなく検事を辞めた。

僕が検事を辞めたのはこの事件の八年後だから、被疑者はおそらく否認のままで有罪になったのだろう。

今、この被疑者がどうしているのだろうと思うと、はなはだ遅まきながら良心の呵責を感じる。いくら有罪でも相手は人間なのだから、やっていいことと悪いことがあろう。

この事件では自らすすんで良心をかなぐり捨てたが、それは目の前にいた被疑者が絶対に有罪だと証拠から確信できたことが一因だった。「この被疑者は絶対に首謀者だ」という確信が、かろうじて蛮行の言い訳になり得た。

後にもう一度「狂犬のような取調べ」を行うことになるのだが、そちらはまったく違っていた。有罪と確信できなかったどころか、むしろ無罪ではないかと思いながら、それでもなお「狂犬として振る舞う」ことになるのだ。

それをやってしまったのは、大阪地検で自らすすんで鉄砲を撃った経験によるところもあったのかもしれない。人は一度鉄砲を撃ってしまうと、撃つことに慣れてしまい、撃ちたくない相手にも撃ってしまうのではないだろうか。

大阪地検刑事部での一年間は、いろいろな意味で危うい状態に陥っていたような気がする。司法試験受験生時代から志していたような検事でありたいと思うあまりに病を得てしまった一方で、その苦悩をためらいなく捨て去り検察庁の求める検事として振る舞うことができるようになっていたのだから。

こんな大きな矛盾を経験したからこそ、現在でも当時を思い出すのが辛いのかもしれない。

第四章　束(つか)の間(ま)の復活

「検事辞めたらどうですか」

さんざんな目に遭った大阪地検を脱出した僕は、一九九八年四月から二〇〇〇年三月まで横浜地方検察庁川崎支部に勤めた。横浜地検本庁で新任生活を過ごした僕にとっては、ちょっとした里帰りの気分だった。

大阪地検での二年間のA庁を終えた僕は「A庁明け」検事になった。

すでに書いたが、A庁明けは完全に一人前の検事として扱われる。上司や先輩に尋ねて回ることはもう許されない。むしろ後輩検事を引っ張っていく役割を与えられている。

現に、川崎支部に来てみると、僕は当時五人いたヒラ検事の中で上から二番目の地位とされていた。

川崎支部では三人の捜査担当検事と二人の公判担当検事が完全に分かれていて、公判側は「部」ではなく「公判係」と呼ばれていた。そして、僕はなんと捜査担当検事の筆頭にされてしまったのだ。このように、A庁を終えると検察庁はいやおうなしに検事を責任の重い立場にすえる。

川崎支部は東京高検管内の支部では屈指の繁忙庁だ。なにしろ事件が多い。徳島地検とは比べものにならなかった。

そんな支部の捜査担当検事の筆頭にされてしまった僕は、正直なところ「俺にこんな立場が務まるのか」と不安だった。

なにしろ前任地でスクラップ寸前にまでなってしまっている。回復したとはいえ、いつ病が再発するかわからないと思うと気が気ではなかった。

さらにやっかいなことに、捜査担当の二人の後輩検事が目を見張るほどに優秀でバイタリティにあふれていたから、「元スクラップ」としてはたじたじだった。事件が多い支部ならではだったが、二年生や三年生の検事が覚せい剤の密輸事件や完全否認事件を次々とこなしていたのだから、同じ時期に徳島地検で完全自白の殺人事件であっぷあっぷしていた人間とはモノが違う。

川崎支部では、重大事件は支部長だけでなく横浜地検本庁の次席や検事正の決裁を受けなければならなかったが、どういうわけか僕が捜査担当だった一年間はそんな事件がほとんどなかったので、支部長の決裁だけで仕事を終えることができた。

大阪地検刑事部時代のことは支部長も知っていたので、おそらく手加減しつつ決裁をしてくれていたように思う。僕の方針をこちらが「大丈夫か」と思うくらいに受け入れてくれた。

おかげで僕は生気を取り戻した。

そして捜査担当検事筆頭であるのをいいことに、ダイバージョンをやり始めた。起訴できないと思ったり、起訴する必要がないと思った事件は、片っぱしから不起訴にしたのだ。

大阪地検刑事部でさんざん「立てろ！」と言われて不本意な起訴をした悔しさの反動だったのかもしれない。もちろん手抜き捜査をしたり、警察が一所懸命に集めてきた証拠を握りつぶしたりはまったくしなかった。自白していた被疑者をあえて否認させたこともない。

自分の「本籍地」は公判だと思っていたので、公判検事としての視点で事件を点検した。

参考人や被疑者をじっくり取り調べて、とくに参考人を「法廷に連れて行けるか」、つまり法廷での厳しい証人尋問に耐えられるまともな供述をしているかをしっかり見極めた。「俺が弁護人なら、反対尋問で、この参考人の言うことを崩せる」と思ったら迷わず不起訴にした。参考人の供述が信用できない以上、被疑者を無理して割っても意味がない。

支部長はよくこんな弱気な処分を認めてくれたなと思う。

だが、この方針は少しも間違っていなかったと今でも思っている。

当時の僕は冗談半分で「俺は不起訴の帝王だ」とうそぶいていた。

不起訴にばかりしていると、事件を検察庁に送り届けている警察としては面白くない。

二年生や三年生の検事であれば、警察の担当者に押しかけられてさんざん苦情を言われ、その剣幕におじ気づいて起訴してしまったりする。

僕自身も徳島地検時代に警察との宴会の場で、ある事件の担当者から「市川！　お前はなんであの事件をつぶしたんだ！」としつこくからまれた経験があった。大阪地検刑事部時代には、警察の担当者に文字どおり怒鳴り込まれ「検事さん！　今日は勉強させてもらいに来ました。どういうわけであの事件を不起訴にしたんですか！」とやくざ顔負けの野太い声で凄（すご）まれたこともあった。

だが、今や肩で風切るＡ庁明け検事だ。まして大阪地検で叩（たた）かれていたから、警察官に文句を言われるくらいでは動じなくなっていた。

そもそも「ダメなものはダメだ」という当たり前の処分を行っていただけだ。

とは言え、あまり不起訴にばかりしていると警察官たちはへそを曲げてしまい、いざというときにこちらの依頼に応えてくれなくなる。彼らも人間であり、不起訴は自分たちが一所懸命やった仕事への否定と受け止めるから、面白くないのは無理もない。だから不起訴にするからには上司の決裁を仰ぐときに勝る熱意で警察官を説得しなければならない。

ある身柄事件を担当したとき、いつもどおり真っ先に被害者の事情聴取をていねいに行ったが、話にならなかった。こちらとしてはボクシングのジャブ程度の質問のつもりなのに、しどろもどろなのだ。

「こりゃダメだ。とても法廷に連れて行けない」と即断した。

そこで、被疑者の勾留延長をせず処分保留で釈放することにした。処分保留釈放は不起訴を意味する。

勾留延長すらしないで釈放というのでは、いくらなんでも警察の顔が立たない。マスコミから「なぜ逮捕したんだ」と叩かれかねない。

そこで僕は、捜査担当のリーダーも含めて、数人の捜査員を検察庁に呼んだ。彼らに、被害者がまるで信用できないことを、自分の事情聴取場面を再現しながら説明した後、「名誉ある撤退をしましょう」と呼びかけた。

勾留延長したところで、そして被疑者を割ったところで、そもそも被害者の供述が信用できない以上、とてもではないが起訴はできない。それがわかったからには、見苦しい勾留延長をするより、早くこの事件に見切りをつけて、次の確実に起訴できる事件に力を注ぎましょうと言いたかったのだ。

捜査員たちの内心を知る術(すべ)はなかったが、その場で文句は出ず、僕は勾留延長を行わずに被疑者を釈放した。

大阪地検刑事部であったら、それこそ副部長から病院送りにされるまで責め立てられただろう。

捜査が面倒くさいとか、被害者が感情的に気に入らないとか、そういった不謹慎な理由で不起訴にした事例は一度もない。すべて支部長に堂々と理由を説明して決裁をもらっていた。証拠に基づいて不起訴にしていたのだ。

大阪地検刑事部で、病み上がりの時期に、ひたすら不起訴処分をやっていたことから学んだ知恵の応用だった。

優秀な二人の後輩検事たちには、それが気に入らなかったようだ。

後輩検事たちは、それこそ大阪地検刑事部でも間違いなくトップクラスになれるくらいに、次々と事件を起訴していた。その一方で、捜査担当検事筆頭の僕がひたすら不起訴を続けていたのだから、後輩たちが「なんだ、あの人は」と感じたのも無理はない。

そんな後輩たちの不満が爆発した一件があった。

後輩検事の一人が途中まで捜査したある身柄事件を引き継ぎ、最終処分をすることになったのだ。

この事件の被疑者には弁護人がついていた。弁護人は「被害者となんとか示談をしますので、処分を待ってください」と電話をかけてきた。

示談で丸く収まるならそれに越したことはない。僕はそう考える検事だった。

取り調べてみると、被疑者は全面自白したものの、被害者の供述にはいささか感心できない点もあった。

勾留満期直前になっても示談はまとまらなかった。示談にできなければ起訴はやむを得ないと判断していたので、起訴状を起案し、いったんは支部長の決裁をもらった。

そのとき、支部長には「弁護人が示談交渉してますので、ぎりぎりまで待ちたいと思います」と意見を述べ、了解をもらっておいた。

勾留二十日目の午後八時を過ぎたころだった。

弁護人から電話がかかってきて「示談ができました」と知らせが入った。

そこですでに帰宅していた支部長に電話をかけて「示談ができたので不起訴にします」と報告し、了解を得た。

署名までしていた起訴状を破り捨て、被疑者を釈放する。

「これが本来検事のなすべきことなのだ」とすがすがしい思いだった。

ところが、そもそもこの事件を捜査していた後輩検事の堪忍袋（かんにんぶくろ）の緒が切れてしまった。

後日彼らと飲みに行ったとき、二人がかりでさんざんつるし上げられた。

「割れ！　立てろ！」検事二名と「割らない（もはや「割れない」ではない）。立てない」検事一名の衝突だ。

初めから圧倒的に分が悪かった。なにしろ後輩たちは検察庁の掟（おきて）を忠実に守っているのだ。

「市川さん、なんであの事件をつぶしたんですか。しかも支部長から起訴の決裁をもらっていたんでしょう？」

そう詰め寄られたのは今でも覚えている。酔っぱらっていたので、どう答えたか覚えていない。

だが、最後に二年生の後輩検事から言われた言葉は忘れられない。

「市川さん、検事辞めたらどうですか」

頭にきた。たしかに、こちらは諸君と違って割る能力もないし、歯を食いしばって立てようという気概もないかもしれない。だが、僕は支部長の決裁をもらっているし、きちんと証拠を見ていたのだ。

何より、弁護人の懸命の努力を見て見ぬふりをして起訴するような汚い真似(まね)は死んでもしたくなかった。なんのために法曹三者の志望者が共に司法修習を受けたんだと言いたかった。

さすがに「俺だって検事だ、ふざけるな」と言おうと思ったが、「割れ！　立てろ！」検事たちとはそもそものの考え方の根っこが違う。議論にならない。

僕はあえて聞き流した。

後輩の言ったとおり僕は本当に検事を辞めたから、彼らの方が正しかった。

二人はその後、法務省や特捜部で出世もしている。

僕の方が間違っていたのだろう。少なくとも検察庁の掟を守っているかという物差しで測る限りでは。

けれど、夜の八時まで弁護人を信じて待ち、示談によって被疑者も被害者も傷つかない結果になったことについては、現在もまったく後悔していない。

法廷の中の真実

川崎支部二年目は公判係の筆頭検事を務めた。

後輩二人が転勤し、新しい新任明けの後輩が三人やってきた。幸いなことに、新しい後輩検事たちとはうまが合った。

公判係では二人の検事と二人の立会事務官が同室で仕事をしていたが、みんな仲が良く、気持ちよく仕事ができた。ほかの事務官から「公判係の部屋は笑いが絶えない」と言ってもらったのが嬉しかった。検事七年目になった上に好きな公判をやれることになったので、前年よりほんの少し筆頭検事らしく振る舞えていたかもしれない。

川崎支部での公判で最も印象深いのは、ある死刑事件だ。

この事件の公判の途中で転勤したので求刑はしなかったから、正確には「死刑求刑予定事件」と言うべきだろう。筆舌に尽くしがたい凄惨な強盗殺人事件で、殺された人も複数いた。

起訴状を一読しただけで「こりゃどう考えても死刑しかないな」と思った。

大阪地検公判部時代は単独法廷に立っていたから、死刑どころか無期懲役すら求刑したことがなかった。「これは大変な仕事になるな」と思った。

それまでに勤務した検察庁の資料室で、死刑事件の論告をいくつか読んだことがあったが、どれもこれもとにかく長文で、「よくもまあ、ここまでひどい言葉を並べられるものだ」とあきれるくらいの罵詈雑言（ばりぞうごん）が書かれていた。

「被告人は鬼畜だ」「被告人を社会に戻すことは、けだものを野に放つのと同然だ」。こんな言葉がいくつもいくつも記されていた。

こんな文章を法廷で読むためには、大阪地検刑事部で「狂犬のような取調べ」をやったときと同じような「こいつを法廷で殺してやる」という心境にまで自分を洗脳しないととても無理だろうなと感じた。

文献に載っていた死刑判決もいくつか目にしていたが、判決には論告のような汚い言葉は見当たらなかった。

「やれやれ、こんなひどい論告を読むはめになるのか」と思うと気が重かった。

冒頭陳述を起案したが、こちらは検事が証拠によって証明しようとする事実を淡々と述べるものだから、汚い言葉を並べる必要はない。それでも凄惨な事件の場面を逐一書きつづるだけで恐ろしくなった。

事件の公判中に、裁判長と杯を交わす機会があった。

地方の小規模庁や支部では、裁判官、弁護士、検事の三者が暑気払いや忘年会を合同でやることが多い。

なれ合いだと批判する人もいるだろうが、たとえばその場で検事が裁判官に「あの否認事件、有罪にしていただけませんか」と提案したりはしない。

法曹三者には期は違っても司法修習で「同じ釜の飯を食った間柄」というなんとも言えない連帯感がある。たとえば弁護士が「市川検事は実務修習地はどちらでしたか」と話しかけてきて、たまたま同じ場所だったりすると、その土地の話で盛り上がるといった類の感情だ。

僕はこの場で初めて、裁判長がすでに死刑判決を複数回言い渡したことがあると聞いた。

続く言葉にはとても考えさせられた。

「お前ら検察官はいいよ。法廷で『被告人を殺してください』って頼むだけだから。でもな、俺たちは被告人に『死ね』って言わないといけないんだよ。俺は死刑判決を言い渡したときは本当に辛(つら)かったよ」

言われてみればもっともだ。論告と判決の重みの差をこれほど明快に説明してもらったのは初めてだった。

死刑論告は大変だと上司や先輩から聞いていたが、死刑判決を言い渡す裁判官の気持ちを考えてみればかわいいものだ。死刑に限らず、事件の終着駅である判決を言い渡す裁判官は、いつも大変なストレスを抱えているのだと思い知った。

検察庁は判決が内部基準に反しただけで「問題判決だ」と騒ぎ立てるが、誠実な裁判官が真剣に証拠を見て考え抜いた判決を、硬直した基準という観点のみからいたずらに攻撃するのは、そろそろ考え直すべきかもしれない。

ちなみに、この死刑求刑予定事件は、僕が転勤した後に同期の検事が引き継ぎ、死刑論告をした。判決も死刑で、被告人は控訴・上告したものの、最高裁で死刑判決が確定した。

川崎支部は扱う事件の数が多いので、公判での否認事件も少なくない。

ある薬物関係の否認事件を担当した。被告人のいわば子分にあたるAという男を証人尋問することになった。

検察官調書はすでにできあがっている。

前述したが、公判検事は証人尋問に備え、あらかじめ証人と会い、予定している質問をして、その証人が法廷でどう証言するかの見当をつけておく。証人テストだ。自分の親分を、しかもその本人がいる法廷で悪しざまに言えというのは酷というものだ。Aが調書どおりの証言をするとはとても思えない。

このように、証人が法廷で検察官調書と違う証言をした場合、刑事訴訟法には、一定の条件が満たされれば調書を証拠として法廷に提出することができると定められている。現在はそもそも検察官調書がまともに作られているのかさえ疑われているが、とにもかくにも法律にはこのような定めがある。

だから、法廷で被告人を怖がったり、かばったりするだろうと予想される証人をテストするときは、検察官調書がその証人の供述どおりに作られているのかをていねいに確かめなければならない。

Aは部屋に入ってくるなり開口一番「検事さん、俺、証言しませんよ」と言い切った。予想どおりだ。僕はたじろぐこともなく「そんなことはわかってる。そりゃそうだろ」と応じた。

Aは「えっ？」と驚いた。

「あんたがあの人のいる法廷で言えるわけがないことくらい、わかってるよ」と続けると、「そんなことを言う検事さんって初めてですよ」と返してきた。

それまでに何度も逮捕されたり起訴された経験があったので、おそらく証言したケースもあったのだろう。

歓心を買おうというつもりはなかったが、どうやら僕の本音を聞いて気をよくしたらしい。

Aは、検察官調書は話したとおりにとってもらったと素直に語ってくれたが「検事さんも言ってくれましたけど、俺は証言はできませんよ」と念を押してきた。

「それはいいよ。あんたにもいろいろ事情があるのはわかるから。それは置いておいて、俺にはとりあえず本当のことを教えてよ」と言った。

検察官調書を証拠として法廷に出すためには、調書がどのようにして作られたのかをきちんと証言してもらうのが大前提だが、杓子定規（しゃくしじょうぎ）な話だけを証人から聞いてすませては公判検事は務まらない。証人の人物像を把握しておかないと、法廷で突発事故が起きたときの対応方法がわからないからだ。

だから僕は「調書なんてどうでもいいから、話を聞かせてよ」と言って、事件の全体像を語ってもらった。

それでも相手は検事だ。Aは話の途中で何度も「検事さん、この話、公判で質問するつもりなんですか?」と心配そうに尋ねてくる。

そのたびに「そんなことはしない。でも、俺もあんたと同じくらいに事情は知っておきたいんだ。本音で話してもらいたいのよ」と答えた。

するとAは「わかりました。じゃ、検事さん、本音を聞きたいときはそう言ってから聞いてください」と応じた。

僕が「あのね、ここからは本音を聞きたいんだけどね、どうなの?」と言ったり、Aが「検事さん、今の質問、本音が聞きたいだけですよね?」と念押ししたりの、ちょっと面倒なやりとりが続いた。

結局、事件の全容について話してくれた。検察官調書に書かれてある以上のことを存分に語ってくれ、最後に「検事さん、俺は本当のことを言いました。でも証言できませんからね。検事さんを信じてますから」と言った。

僕は「わかってる。証言してくれとは言わない。でも、こっちは調書を出さないといけないから、悪いけど法廷ではあんたのことをいじめさせてもらうよ」と告げた。

「それはもう、なんでもやってください。俺、大丈夫ですから」とA。

なんだかサインプレーを決めているようなやりとりになってしまったが、Aから事件の全容と検察官調書の正しさを聞き出せたばかりか、人となりもそれなりに理解できた。本当の意味での信頼関係ではないと自覚していたが、不思議な気持ちのつながりを感じた。

証言の日がやってきた。

法廷の検察官席に座ってAが法廷に入ってくるのを待っていた。

ドアが開くと、Aは服役中だったので、手錠と腰縄をつけられて刑務官と一緒にやってきた。Aは僕と目を合わせた。僕はちょっと口元をゆるめた。表情は変えなかったが、僕が微笑(ほほえ)んだのは見たはずだ。

尋問が始まると、Aはものの見事に大嘘(おおうそ)を証言した。誰が聞いても「そんなばかなことがあるわけがないだろう」というめちゃくちゃな証言を繰り広げたのだ。

こんな証言が飛び出すとは予想していなかった。せいぜい、しどろもどろになったり口ごもったりするだけではないかと踏んでいたのだ。

ところがAは検察官調書と違うどころか僕の予想をはるかに上回る、非常識としか言いようのない証言をした。

たとえば「この手帳に書かれている『覚せい剤』とはなんのことですか」と質問すると、「それは、カクセイザイさんという友達のことです」と真顔で言い切るのだ。

傍聴席からは時折くすくすと笑い声が聞こえてくる。

彼なりの被告人に対する忠誠心によるものだったのだろう。大嘘を証言することで「私はどうしても本当のことは言えません」というサインを裁判官に送ったのだとも思う。

大嘘証言が終わった後、僕は検察官調書を出すための尋問をしたが、Aは僕が予想していたとおりの証言をした。

証言が終わって法廷から出ていくとき、僕とAは再び目を合わせた。僕が微笑むと、Aはほんのわずかに会釈をした。

その後、Aの検察官調書は裁判所に採用された。

証人尋問を傍聴席で聞いていた後輩検事が、終わった後に「市川さんと証人の気持ちが本当に通じ合ってるんだなってわかりましたよ」と言った。それはちょっとほめすぎだろうと思ったが、被告人に対する義理を欠くことなく、同時に僕に協力もしてくれたAの大芝居にひたすら感謝した。

近年、弁護人が請求した証人がささいな点で真実と違う証言をしたために、検察庁がその証人を偽証罪で起訴したことが問題になっている。

裁判員制度を始めるにあたり、検察庁は「今後は積極的に偽証罪による摘発を進める」と宣言したが、実情としては、検察官が請求した証人による偽証が圧倒的多数だ。Aもその例にもれない。だが、僕にはAの「心」がわかっていたから、とても彼を偽証罪で処罰する気にはなれなかった。

本来、公判検事はあらゆる手を尽くして法廷で証人に真実を証言してもらわなければならない。しかし、置かれた立場によって、どうしても法廷で真実を証言できない場合があるのは間違いない。「ここだけの話ですよ」と断りを入れてこっそりと話をした経験は僕にもあるし、誰でもおそらく一度や二度くらいはあるだろう。

そんな心情を思うと、検察官が請求した証人のすべての偽証をとがめることに躊躇(ちゅうちょ)をおぼえる。

そうであるからこそ、弁護人が請求した証人の偽証だけを徹底的に攻撃する検察庁のやり方は間違っていると思う。あまりに不公平であり、公正でもない。

そもそも検察官調書は、今ではほぼ完全にといっていいほどに信頼を失っている。後に詳しく述べるが、そのきっかけを作った一人がかく申す僕だ。

語るべき資格がないのはわかっているが、証人が法廷で真実を言えないときにどうすればいいのか、これからもずっと考えていくつもりだし、読者にも考えて頂きたいと願っている。

三席検事に

二〇〇〇年四月、佐賀地方検察庁に三席検事として赴任した。

「新任明け」の項で書いたが、三席検事は検事正、次席に次ぐ地位で、ヒラ検事の筆頭である。

当時の佐賀地検には、かつての徳島地検と同じく、三席を含めて四人のヒラ検事がいた。言うまでもなくほかの検事はみんな後輩だ。うち二人が二年生と三年生の新任明け検事なのも徳島地検時代と同じだった。

川崎支部において、横浜地検検事正から電話で「君は佐賀地検の三席だ」と告げられ、僕は耳を疑った。

思わず「えっ、三席ですか?」と口走ってしまい、検事正が「そう。文句ないだろ?」とぶっきらぼうに言ったので、「はあ。お受けします」とさえない返事をした。

「大変なことになった。俺が三席? 冗談だろ」

僕が三席検事と接したのは徳島地検にいた二年間だけだった。

三席は新任明けだった僕がどんなことを質問しても、驚くこともなければ「そんなことくらい自分で調べろ」と叱ることもなく、泰然自若とした表情でなんでも親身になって答えてくれた。

次席の決裁を仰いだときには、しばしば「この点は三席の意見を聞いてきたか？」「三席はこれについてはどう言ってた？」と尋ねられた。そのたびに「三席も私と同じ意見でした」と答えると、次席は「そうか。ならいいだろう」と言って意見を通してくれた。

三席検事の意見には、上司が一目を置くほどの重みがあるのだ。

新任明け時代には、「困ったときはまず三席に相談」という癖がついていたほどの、頼りになる大先輩だった。

なんと、今度は僕がその立場になるのだ。「俺はまだ贈収賄事件もやってないし、死刑求刑したこともない。そんな俺が三席？　務まるわけがないよ」と頭を抱えた。

元来弱気であるのを差し引いても、任官八年目の検事が三席というのはいくらなんでも荷が重すぎると思う。三席は、僕のイメージでは「ほとんどの種類の修羅場をくぐっていてなんでも知っている」検事でないと務まらない。十年は現場の検事をやっていないと務まらないのではなかろうか。

そうは言っても、命を受けてしまったからにはやるしかない。

僕は不安を隠せぬまま佐賀地検に赴いた。

迎えてくれた佐賀地検の人たちも、どうやら僕のことを「こんな若造が三席で大丈夫なのか」という印象を持っている気がした。無理もない。それは僕自身が誰よりも自覚していたのだから。

執務室には「三席検事室」という札が出ている。これを見ただけで「いや、そんなんじゃないんだよなぁ」と気恥ずかしくなった。

部屋に入ると、前三席の立会事務官と僕の立会事務官が待っていた。

僕の立会事務官はどうやらそこそこのキャリアのある検事の立会事務官を務めるのが初めてだったらしく、似たような緊張感を持っていたようだ。そのためか、とてもていねいなあいさつをしてくれた。

一方、前三席の立会事務官はどことなく値踏みするような目で僕を見ていた。

「こちとらたかが八年目、A庁時代は合議法廷に立ったことすらない検事だ。何も隠すことはない。いくらでもばかにしてくれ」。こんな気持ちだった。

とにもかくにも、三席の看板を背負うからにはそれに恥じない仕事をしなければならない。

三席となると他の検察庁や佐賀県警に対しても肩書付きで名が広まる。僕がミスをすれば、三席検事という重職を汚すことにつながるのだ。

僕個人が「できない検事だ」と言われるのは一向にかまわない。

しかし、「佐賀の三席はできない」と言われるわけにはいかないのだ。

佐賀地検に無用の迷惑をかけるし、全国の三席検事たちをおとしめる事態にもなりかねない。

僕は赴任したその日から「三席検事」という言葉に首根っこを押さえつけられていた。事件を手がける前から、任官以来最大のプレッシャーにさらされていた。

「徳島でとことん面倒を見てくれたあんな三席になれるのか?」という問いかけに常につきまとわれるはめになった。

赴任早々、佐賀県警本部の二課長（「二課」とは、経済事件を主に扱う部署）をはじめとする捜査員たちが贈収賄事件の相談にやってきた。

三席は窃盗や暴行、傷害といった罪名の事件はよほどのことがない限り手がけない。強盗ですらまれだ。このような事件は新任明けの教材なのだ。そのため、相対する警察官も本部の人間中心になる。

警察本部が手がける事件はとてつもない凶悪犯罪や複雑な経済事件（共犯者が多く

てややこしい詐欺、選挙違反、贈収賄など）であり、こうした事件と取り組むのが三席の日常だ。

四月に本部二課が贈収賄事件の相談に訪れたのを見て、「さっそく警察が俺の力量を試しに来たんだな」と思った。検察庁の要である三席がどんな検事であるのかは警察にとっても他人事ではないのだ。

それまで主任として贈収賄事件を担当した経験は一度もない。だが、まかり間違っても「すみません、俺、初めてなんですよ」とは言えない。そんなことを口走ったら警察からの信頼はたちまち雲散霧消し、その後もそっぽを向かれ続けてしまう。

それまでに経験していた公職選挙法違反事件（買収）の応用だろうと捉え直して相談に応じた。

現金贈収賄事件と現金買収事件には共通点がある。カネが人から人に渡ることだ。覚せい剤譲渡事件の応用編とも言える。人から人に渡るものがカネか薬かの違いしかない。

経験の乏しい僕でも、覚せい剤譲渡事件や現金買収事件はやっていたから、「どんな事件も基本は同じ」と腹をくくって捜査に臨んだ。そのおかげで、初めての贈収賄事件でもきちんと問題点を見つけて捜査員たちに質問することができた。

その後間もなく警察本部が被疑者を逮捕した。検察庁側としては僕が主任となって、二年生の新任明け検事とベテラン副検事の応援を得て、迎え撃つことになった。

大阪地検刑事部時代に先輩検事の応援を何度も経験したのがこの事件で活きた。

複数の検事がチームを組んで捜査するとき、主任は司令塔だ。どんな突発事故が起きてもあわてふためいたり応援検事たちに怒ったりしてはいけない。感情的な振る舞いをしたところでどうなるものでもない。「起きてしまったことはしょうがない。さて、これからどうするか」。こう考えるのが主任の役目だ。

僕は警察や応援検事たちに矢継ぎ早に指示を出して、逮捕した被疑者たちを起訴した。

新任明けが担当した被疑者がなかなか割れなかったときには、「割れるか割れないかはしょせんは運命だから。検事と被疑者の組み合わせ次第。無理しなくていいから」とアドバイスした。その一方で「ここが踏ん張りどころだ。がんばれ」と励ましたりもした。

大阪地検刑事部で頭ごなしに「割れ！」と言われた辛さが身に染みていたから、無理強いは絶対にしたくなかった。さりとて無条件に甘やかすのも指導としては正しくないと思っていた。この案配が難しいのだ。

次席、検事正の決裁にも詳しい資料を作って臨み、勾留十五日目くらいの時期で最終決裁まで通した。

三席としてのデビュー戦は怖いくらいにうまくいった。

後で伝え聞いた話だが、この事件での僕の振る舞いについて、警察では「今度来た三席は細かいぞ」という評判が立ったらしい。

半分は「いちいちうるさい奴だ」という悪評だったかもしれないが、残りの半分は「油断のならない奴だ」という一応の合格点をくれたのだと思っている。

贈収賄事件をきちんと起訴できたことで、上司や警察から「今度の三席は使えない」とまでは思われずにすんだようだ。第一印象がその後に及ぼす影響はとても大きいから、まずまずのすべり出しだったと言おうか。

公判ではすべての被告人が全面的に事実を認めたので、一回の期日で結審した。

捜査段階から収賄者の弁護にあたっていた弁護士からは、後日の法曹三者の懇親会で「あなたとはけれん味のない、気持ちのいい仕事ができたよ」との言葉をもらった。期で言えばはるか大先輩だが、そのような人からフェアな捜査をしてもらったという意味のほめ言葉を受けたのは本当に嬉しかった。

暗雲

ある日、僕は事務官たちからこんな話を聞いた。

「検事正と次席の仲はうまくいってないんですよ」

穏やかな話ではないが、検察庁では珍しいことではない。

僕のような青二才でさえ、数年間検事を務めているうちに「割らない。立てない。捜査より公判」という自分なりの信条を持ったくらいだ。検事なら誰でも自分の経験に基づいて、職務に臨む基本的なスタンスが芽生えるものだ。

僕とは比べものにならないキャリアのある検事正と次席のスタンスがそれぞれ異なっており、その個性が長い経験に基づいてより確固たるものになっているのはよくわかる。

聞くところによると、次席は同期の中で最も早くそのポストについた数人のうちの一人だったらしい。僕が三席になって感じたのと同じように「次席検事」という看板からのプレッシャーに押しつぶされそうになっていたのかもしれないし、「出世頭の一角」として発憤していたとしても当然な話だ。

一方、検事正も佐賀地検をステップにさらに大規模な検察庁の検事正なり幹部なりに進みたいと思っていたかもしれないし、大規模庁よりはのんびりした地方で「波風が立たないように過ごしたい」と思っていてもおかしくない。

さすがに検事正も次席も管理職だから、性分が合わないことを示す場面を他人に見せはしなかったが、それでも決裁を通じてこの二人がうまくいっていないなと感じ取れたケースはあった。

たとえば僕が求刑を懲役十年として次席の決裁を仰いだとする。

次席は明らかに強気な性格で、とくに求刑については「罰金と懲役で迷ったら絶対に懲役、二年と三年で迷ったら絶対に三年」というタイプだった。そのため、僕の求刑はよく次席に引き上げられた。僕が懲役十年なら次席は十三年という具合だ。

ところが、さらに検事正の決裁を仰ぐと「求刑が重すぎる」としばしば言われ、僕の求刑と同じ十年に下げられるような出来事がしばしばあった。

個々の検事の視点によって、求刑が異なることはあり得る。そして検察庁の暗黙の了解として、検事正が次席の判断をむやみに覆（くつがえ）すのは好ましくはない。

次席の決裁にはそれなりの重みがあるのが本来の姿で、それがしばしば検事正に否定されては立場がない。判断が明らかに間違っていればそれを正すのが検事正の役目だが、誤った判断でない限りはその決裁を尊重するのが検事正の度量というものだ。

たしかに次席は強気一辺倒ではあったが、それでも検事正が決裁結果をたびたびひっくり返してゆくのは気の毒だ。

僕の求刑を検事正に支持してもらえるのはありがたいが、それで次席が面白くない気分になってはかえって仕事がやりづらくなる。

徳島地検時代はこのような逆転はまったくなかった。

大阪地検時代に起訴状の添削が重なって結局元どおりになったことがあったものの、僕が経験したのは一度きりだった。

それと比べると、佐賀地検の検事正と次席の決裁の隔たりようは異常だった。

そもそも検事正と次席がうまくいっていないと事務官にささやかれるようでは、その地検は危ういのだ。部下としては誰の指示に従えばいいのかわからなくなってしまう。

無謀な独自捜査の連発

次席の行動の根底には、自分の判断が検事正にしばしば否定されることへの怒りや、

「本当は俺が正しいんだ」と佐賀地検の外に訴えたい気持ちがあったのではないかという気もする。

その一つの表れが独自捜査の連発だった。

新任時代には捜索の手伝いをしていたが、それを最後に僕は独自捜査にまったくかかわらずに三席にまで至っていた。

次席は、僕が佐賀地検に赴任した後だけでも、少なくとも三件、それも被疑者の逮捕を目指す独自捜査を試みている。

初めて命じられた独自捜査では、ある日突然次席に呼ばれ「この被疑者を逮捕するから、（福岡）高検に行ってその許可を得てきてくれ。主任は君だ」と告げられた。

僕は面食らった。

独自捜査は、大きく二分すれば強制捜査の前と後ろになる。

強制捜査とは関係場所の捜索、被疑者の逮捕・勾留を指すが、これに至るまでの内偵捜査が独自捜査で一番大切なところだ。慌（あわ）てて強制捜査に入ってしまうと引っ込みがつかない。

実は引っ込みがつかないこと自体が問題なのだが、それはともかくとして、僕は検察庁、とくに小規模地検がむやみに独自捜査に走ることには懐疑的だった。

小規模地検の検事・副検事の人数を見れば、人手がかかる独自捜査を行うのは至難の業だ。小規模地検が独自捜査に乗り出すのは、警察が捜査できない事情があるか、あるいは検察庁が警察に捜査するよう促しているのに警察がやろうとしないといった特別な場合に限られるべきだと思う。

特捜部が動くとマスコミは大騒ぎするが、小規模地検が独自捜査に動いたとしても、少なくとも地元マスコミは大騒ぎする。大々的に報道された事件を不起訴にすると「なぜ不起訴になる事件の捜査をしたのか」と叩かれる。「捜査の結果、不起訴になったんだからよかったじゃないか」と言いたいところだが、マスコミ、そして市民はそう解釈してくれない。

このようなわけで、僕は「検察庁はめったに独自捜査、それも強制捜査をやるべきではない。やるからには絶対に安全、つまり絶対に起訴して有罪にできる事件を慎重に選んでやるべきだ」と漠然と思っていた。

冒険に挑んで成功すれば大手柄だが、常に最悪の事態を考えるのが検事の仕事だろう。

ひとたび事件に手をつけたが最後だ。「立てろ！」が至上命令の検察庁は撤退がへたな組織だから、内偵捜査の段階で将来引っ込みがつかなくなるかもしれないリスクを感じたら無理して続行してはいけない。

　無罪判決が出たときもそうだが、検察庁はとにかくメンツにこだわる。そんな検察庁が独自捜査、それも強制捜査にまで手を伸ばしたら、引き返すことはほぼ不可能だ。少なくとも僕の検事時代にはそのような雰囲気があった。

とくに、小規模地検が独自捜査に動いた場合、警察から送られた事件の適正な処分が満足にできなくなってしまう。本末転倒とまではいかなくても、事件がたまりにたまってその小規模地検が瀕死（ひんし）にまで追い込まれることになる。

　このような側面からも、僕は小規模地検がいたずらに独自捜査を行うことには常々疑問を持っていた。

　次席は、内偵捜査はヒラ検事に内緒で事務官だけを使って進め、いざ強制捜査となると突然ヒラ検事を主任に指名するという手法をとっていた。

　独自捜査の肝は内偵捜査だ。ここでどれだけ豊富な情報を集められるかが強制捜査の成否の鍵（かぎ）となる。従って、独自捜査を行うからには内偵捜査をリードした検事を主任としないと後が大変だ。

　読者は「強制捜査から主任に任じられるというのは、警察が逮捕した事件を担当するのと変わらないではないか」と思うかもしれない。

だが、僕が佐賀地検で体験した独自捜査においては、警察が送ってきた事件のようなまともな基礎捜査はされていなかった。

警察が被疑者を逮捕した事件の捜査にも穴はあるが、何より警察は事件の規模に応じてそれなりの人を割いている。そもそも被害者の調書すらないようなひどい捜査をして、検察庁に送致することはあり得ない。

だが、次席の独自捜査においては、このような配慮がまるで行き届いていなかった。そもそも複数の参考人がいるのに、調書がまるでない。事務官が事情聴取したという貧弱な報告書があるだけだ。被疑者に至っては任意の取調べをまったく行っていない。

次席は、被疑者の寝込みを襲うような逮捕を目指す、乱暴極まりない強制捜査を目論んでいた。

突然主任に指名された事件でも、記録は薄いものだった。「こんな貧弱な内偵捜査で逮捕状がとれるのか?」と独自捜査の主任の経験がなかった僕ですら感じた。警察の強制捜査の結果は数多く見ていたから、それと比べれば、次席の内偵捜査が話にならないのは一目瞭然だ。

すでに福岡高検に市川が出向くと電話で伝えているとのことだったので、次席の指示に逆らいようがなかった。

僕はしぶしぶ福岡高検にこの事件の報告のために出向いたが、高検の幹部やヒラ検事から「こんなにひどい内偵捜査で強制捜査に臨むなんてとんでもない」と相手にもされなかった。当然の結果だ。

しっぽを巻いて佐賀地検に戻り、報告を行ったが、次席は反省するどころか高検に腹を立てる始末だった。次席が再び記録を手元に置いてしまったため、その後どうなったかは知らない。

その後に次席が命じた独自捜査も同様だった。内偵捜査を次席が進め、突然二年生の新任明けを主任に指名して被疑者を逮捕した。

なにしろ警察から送られてくる事件の処分すらやっとこなしている新任明けだ。内偵捜査を秘密裡(ひみつり)に進めた事件の主任に突如指名された彼の苦しみようは、見ていられなかった。

僕が福岡高検で門前払いをされたときと同じように、どうやら内偵捜査は貧弱だったようだ。しかも主任が新任明けだから、被疑者を逮捕したものの、そこから捜査は一向に進まなかった。

次席は「割れ」と命じていたようだが、いわばウォーミングアップをまったくやっていないのに「ピッチに出てゴールを決めてこい」と言われたルーキーのサッカー選手のようなものだ。割れるはずがない。

この事件は、検事正の「被疑者に被害を弁償させて不起訴にしろ」との一声でつぶれてしまった。

「ダメなものはダメ」だが、本来やらなくてもいい事件に焦(あせ)って手を出したことでダメになったとすると話は少し違ってくる。

警察はもとより、佐賀県民から地検の捜査力そのものを疑われかねない。

当時の僕は「次席は何をやっているんだろう」と不思議でならなかったが、彼の暴走の背景には検事正とのあつれきがあったのではないかと思う。もしそうであったなら、次席の心境も少しは理解できなくもない。

だが、無謀な独自捜査に付き合わされる検事や事務官、何より貧弱な証拠で捜索されたり逮捕されたりする関係者の苦痛を思えば、同情はできない。

そして、次席から、「あの事件」の主任に命じられたのだった。

第五章　大　罪

佐賀市農協背任事件

佐賀市農協背任事件とは、一九九六年、佐賀市農協が、当時の組合員に対して一億八〇〇〇万円を融資した際に、組合員が担保に差し出した不動産の実際の価値が約六〇〇〇万円しかなかったのにもかかわらず、あえて担保価値を水増し評価して融資したという、一口で言えば不正融資事件である。

担保を水増し評価しての融資自体は行なわれていたが、問題は誰と誰がこの融資をくわだてたか、あるいは決断したかに絞られた。その意味では犯人捜し事件と言ってもいい。

二〇〇一年三月に僕が主任として起訴した独自捜査事件だ。

起訴した被告人は全部で三人だったが、うち一人は佐賀地方裁判所での第一審で事実を全面的に認めたので有罪になった。残りの二人のうち一人は第一審、控訴審（福岡高等裁判所）でともに完全無罪、最後の一人は第一審では有罪になったものの控訴審では逆転無罪となった。

この二人の無罪判決は確定している。

犯人を間違えたのだから、正真正銘の冤罪だ。

主任だった僕がこれからこの事件の捜査について述べよう。

なお、同事件を法律的、実務的な観点からより詳しく知りたい方は、専門誌『判例時報』一八六九号（一三五ページ〜）に第一審無罪判決や僕が作った「自白調書」の任意性についての詳しい解説が載っているので、そちらを読んで頂きたい。

ことの始まりは二〇〇〇年十月ごろだった。

次席から突然呼び出されたのだ。

次席はコピー文書を見せてこう言った。

「Bという地方議会議員がいる。この議員を捕まえるために佐賀市農協の組合長を捕まえる。そのときは君に主任になってもらう」

初めて聞いた話はこんなものだった。どんな事件なのかも、組合長とB議員とのつながりも何もわからなかった。コピーに目を通したが、怪文書の類にしか思えず、何者かがB議員たちを悪しざまに書いていただけだった。

「今度もヒラ検事に内緒の独自捜査か。また俺に回ってきたか」とは思ったが、それ以上に特別な思いはなかった。どんな事件なのかも聞いていないわけだし、いつこの事件の捜査が本格的に始まるのかもわからないうちからあれこれ考えをめぐらせても意味がない。

ただ、ゆくゆくは議員を捕まえるというからには、これまでの独自捜査よりは気合が入っているのだろうなとは思った。

横浜地検刑事部時代、刑事部長から過去に手がけた事件の話を聞いたときから思っていたが、特捜畑の人は「バッジ」つまり国会議員を摘発したがる傾向がある。政治家の犯罪を摘発するのは警察には難しく、特捜部はそのために存在していると考えているからなのか、マスコミから「さすが特捜部」と持ち上げられるのが嬉(うれ)しいからなのか。

それはともかく、議員の摘発につながる事件となると、めったな捜査はできない。失敗したら、佐賀県民の佐賀地検への信頼は、地に落ちるだろう。

弱気な検事の脳裏を、そんな不安がよぎった。

ただ、次席は強気一辺倒の人だったから、うまくいったときのことしか考えないところがあった。それまで特捜部に行ったことがなかったからこその、強気の発想だったように思う。とにかく最悪の事態を踏まえた指示をしてくれない人だった。

次席にしてみれば、やがて議員を逮捕、起訴するつもりの大事件だと意気込んでいたからこそ、この事件の主任に切り札として三席検事の僕を指名してくれたのだろう。たしかに、もし議員を逮捕、起訴できればそれなりの手柄にはなっただろう。そんな手柄には、元々まったく興味がなかったが。


その後しばらくは何ごともなく過ぎていった。

急展開を見せたのは十一月六日だった。

次席が突然、ヒラ検事や副検事のほとんどと多くの事務官を会議室に呼び集めたのだ。おもむろに発した言葉を聞いて、僕は啞然(あぜん)とした。

「明日、佐賀市農協ほかの関係場所を捜索する。主任は三席」

なんと、翌日に強制捜査を行うというのだ。

次席から「ゆくゆくは主任」と聞いてはいたが、誰が被疑者で、どんな事件で、どこを捜索するのかについてはまだ何も知らなかった。

こんな状況では責任の取りようがない。

捜索される側には不意討ちでなければ意味がないが、捜索する側が不意討ちを食らってどうするのか。

捜索は裁判官から令状（正確には「捜索差押許可状」）をもらわなければ行えない。令状をもらえるのなら、かなりの内偵捜査を終えていて、それなりの証拠がそろっているはずだ。なのに、僕は今どんな証拠が集まっているのかさえ知らない。

明日捜索というからにはすでに令状は出ていよう。その上で「何も知りません」と言ってもしようがない。福岡高検におうかがいを立てに行って門前払いをされたときと同じく、またも外堀を埋められていた。

しかし、この場で取り乱してはならない。僕は佐賀地検の要の三席検事なのだ。僕が動揺すればほかの検事や事務官はその何倍も動揺する。それだけで事件はつぶれかねない。内心おろおろはしていても、はた目には落ち着き払って見せなければならなかった。

とは言いつつも、僕は「どうなってるんだ？」と焦るばかりで、次席が捜索の場所や注意事項を伝えている間もうわの空だった。

会議後に次席の部屋に出向き、「この事件、どうなってるんですか？」と改めて聞いた。次席は「全部こっちでやってるから。心配しなくていい」と返しただけだった。

主任であるからには、概要を知っておく必要がある。事件について何一つ知らないでどうして主任と言えようか。

僕はこの後、ことあるごとに何もわからないままに「主任、主任」と前線に押し出されるのだが、「不意討ち捜索」はその序曲にすぎなかった。

翌日、佐賀地検の検事と事務官がいくつかの班に分かれて、佐賀市農協や組合長の自宅を捜索し、百を超える段ボール箱に入れた証拠を押収した。

この様子を地元テレビ局が撮影して、当日のニュースで大々的に報道した。翌日の新聞にも大きく記事が載った。佐賀市農協は県庁所在地にでんとかまえる地元の大企業のような存在だ。そんなところに、検察庁が乗り込んで捜索を行ったのだから、県をあげての大騒ぎになったのは当たり前だった。

僕はこの捜索には参加せず、次席から命じられた関係者の事情聴取を行った。

次席からは「組合長との関係や組合長の部下への指示の内容を聞いておいて」とぶっきらぼうに命じられたが、そもそも事件の中身や今ある証拠をまったく知らないから、どんな質問をすればいいのか、さっぱりわからない。詳しく指示を受けたくても、次席は捜索にあたっている検事や事務官への指示に追われていて、そもそも部屋に行くことすらできなかった。

捜索している検事たちも、何がなんだかわからなかっただろうから、この日の佐賀地検全体が混乱の極みにあったのは当然だった。僕の事情聴取を受けた人はおそらく「この検事は自分をなんのために呼び出したんだ?」と面食らっていただろう。

限りなくみっともない捜査の始まりだった。

大きめの部屋がいっぱいになるほどの証拠が押収された。言うまでもなく、次はこの証拠をていねいに分析しなければならない。

主任なのだから、僕自身も分析にたずさわらなければならないと思ったが、次席は「ブツ読み(証拠の分析のこと)はこっちでやっておくから」と言うだけで、ここでも蚊帳(かや)の外に置かれてしまった。

「なんでもかんでもそっちでやるなら、次席が主任になればいいじゃないか」と苦々しく思ったが、降ろしてくれと言うわけにはいかない。

上司が部下に「主任をほかの検事に代える」と指示することはあっても、逆のケースは聞いたことがなかった。病気にでもなれば別だが、主任を自ら降りるのは職務放棄に等しい。

だが、事件の情報に精通しているからこそ主任なのであり、そうであるがゆえに事件の全責任が負えるのだ。これでは、形だけ主任、主任と呼ばれていてもいざというときに責任のとりようがない。

真の主任である次席が部下を傀儡にして独自捜査を行う、「佐賀地検方式」はその時点に始まった話ではなかったが、佐賀市農協背任事件は大きく報道された大事件だったから、気が気ではなかった。

次席は直轄の事務官たちを指揮してブツ読みをやっていたようだが、当初の目標だった二〇〇〇年末までにそれは終わらなかった。

なにしろ証拠が気が遠くなるほど膨大にあるのだ。

地引き網のように、片っぱしから証拠を持ってきてしまったので、事務官たちは必要な証拠とムダな証拠を分けるだけで、精いっぱいだったと思う。

捜査スケジュールをそんなに無理なものにしていたのは、翌二〇〇一年四月に次席が定期異動を控えているという理由からだ。彼は、何があろうが自分が転勤するまでに佐賀市農協の組合長を逮捕して起訴しようと考えていたはずだ。

次席はことあるごとに「組合長を捕まえる」と口走っていたが、検事は江戸時代の岡っ引きではないのだから、捕まえた後についても考えなければならない。そもそも人を逮捕することの重みを考えるのが、検事であるはずだ。

しかし、次席からは組合長を捕まえた後にどうするという見通しは、まるで語られなかった。

事件は一人の検事の都合で取り組むべきものではない。

起訴して有罪にできるはずの事件も、焦って取り組んでしまえば捜査は穴だらけになってつぶれてしまう。起訴してはならない事件に焦って手を出せば、それは直ちに冤罪へとつながる。

この事件においては、腰をすえて翌年度までじっくりと証拠を分析すれば、なんのかかわりもない人たちを逮捕したり起訴せずにすんだと思う。

それを止めることができなかった主任としては、回復不可能な社会的ダメージを与えてしまった人たちにひたすら詫(わ)びるしかない。

だが、主任に指名されたその日からずっと、「こっちで全部やっておく」としか言われずに、証拠を見ることすらかなわなかった当時の僕にはどうしようもなかった。

証拠を見たくても、相変わらず警察から送られてくるやっかいな身柄事件の処分に追われていたので、その時間がない。

僕は、担当の事務官に折を見て「どんな証拠があるんだ?」と尋ねるしかなかった。

無力な主任

二〇〇一年一月になり、ようやく背任事件の骨組みらしきものが見えてきた。「担保価値の水増し評価による融資」を示す証拠が出てきたのだ。

この証拠に目を通してみて、問題の融資が佐賀市農協の理事会で決議されたことがわかった。僕の記憶では、その理事会には組合長を含めて二十人ほどの理事が出席していたと思う。

不正融資が理事会の決議をもとになされたからには、この理事会に出席した理事全員の事情聴取が不可欠だ。

当たり前だろう。全員から事情聴取することで、誰が何を知っていたのかや、誰がどんな発言をしたのかがわかるのだから。議事録も見つかったが、これに載っている発言がすべて真実だと信じる検事はいない。そこまで正確なはずがないからだ。

僕は内偵捜査からずっとこの事件にたずさわっていた事務官に、「これ、理事全員を調べないとダメだろ」と言ったのだが、これを伝え聞いた次席が「その必要はない」と言い切ったらしい。

問題の融資に関する稟議書（りんぎしょ）も見つかったが、そこに組合長の決裁印が押されていたので、次席は「組合長がはんこをついているからには絶対にいける」と主張しはじめた。

「次席は何を考えているんだ？」と驚くどころか半ばあきれてしまった。

次席は、とにかく組合長を逮捕したくてしようがないのだ。だが、そうしたいならなおさら理事会の様子を明らかにする必要がある。単に佐賀市農協のトップだからというだけの理由で罪に問うことなどできるわけがない。道義的責任と刑事責任はまったくレベルが違う。

捜査から十一年が経った今だからここまで言えるが、当時は自分で見た証拠に限りがあったから、面と向かって「それはおかしいんじゃないですか」と言えなかった。なにしろ内偵捜査をしただけでなく「こっちで全部やっておく」と言い切っていたくらいだ。僕が知らない重要な証拠をたくさん見た上での方針かもしれないと思うと、証拠をひとかじりしただけでは、理屈で対抗できなかった。おかしいなとは思いながらも、「でも俺は証拠を全部見てないからなあ」と腰が引けてしまったのだ。

主任が証拠をひとかじりしかできなかったことが、この事件の根本的な問題の一つだ。さらに悪いことに、その主任が弱虫検事の僕だったことが、この事件を日に日にまずい方向に導いていってしまった。

一月半ばのことだ。

次席が検事や副検事を呼び集めると「明日、問題の融資を決議した佐賀市農協の理事全員を呼び出して取り調べるように。調書もとるように」と命じた。

また も驚かされた。

理事全員の事情聴取が必要だという意見を受け入れてくれたこと自体はよかったが、一日で全員の理事を呼び出し、しかも検察官調書までとれというのは乱暴の一言ではすまない。

まず、二十人ほどいる理事が全て検察庁に来てくれる保証がまったくない。

問題の融資が行われたのは一九九六年、この時点から五年も前のことだ。突然尋ねられて、まともに答えられる人が何人いるだろうか。何人かの理事が来たとしても、五年も前のできごとについての話が人によってまちまちになるのは、子供でも予想できる。それなのに調書をとってしまっては、検察庁が自ら進んで事件をつぶすのに等しい。

周りにいた検事や副検事を見渡したが、あきれ返ったような表情をしていた。同じような思いを抱いていたのだと思う。

だが、次席は僕たちに事情聴取のポイントについて書いたペーパーを配り、「このペーパーに書かれていることを聞いて調書をとるように」との一点張りだった。

主任の僕がこんな気持ちになってはならないのは百も承知だが、真実だから白状する。早くも、この事件の捜査に対する情熱を失いかけていた。四月の転勤までに組合長を「捕まえる」ことだけを目的とした無理難題の数々にへきえきしていたのだ。「勝手にしろ」という思いが頭をもたげ始めていた。同僚たちの表情からも、「よし、やるぞ！」という闘志はまったくうかがえなかった。本来、独自捜査は検事を奮い立たせるものだが、佐賀市農協背任事件の捜査では、現場の検事たちは日を追うごとに意気消沈していった。検事は上司のために事件と闘うのではない。適正に処分するために事件や証拠と闘うのだ。こんな状態で、まともな事情聴取や調書作成ができるはずがない。

自分が主任であるという自覚は持っていた。

今にして思えば、徹夜してでも証拠を見ておくべきだった。

だが、次席が「全部やっておく」と断言したものに三席が干渉することははばかられたし、そもそもやっかいな身柄事件や大型の否認事件の公判に追われていた僕に、余力は乏しい。何よりも情熱が乏しかった。

「でたらめな捜査ばかりやっていたら、事件は被疑者の逮捕前につぶれるだろう」という気がしていた。ならば次席の好き勝手にやらせておいてつぶしてしまえばすむことだ。「ダメなものはダメ」が信条なのだから、それでかまわない。

読者は「お前が検事正に直訴すればよかったのではないのか」と思うだろう。今振り返ると自分でもそう思う。

そもそも佐賀市農協背任事件については、ありとあらゆることが「今振り返ると」という形で浮かび上がってくるから辛い。

ただ、当時は、検事正に相談するという発想はまったく湧かなかった。

次席がヒラ検事に内緒で内偵捜査をし、ヒラ検事を主任に指名して強制捜査を進める「佐賀地検方式」が遂行されたのは、これで少なくとも三回目だったからだ。検事正が次席のやっていたことを知らなかったはずがない。マスコミに大々的に報じられている農協事件の捜査について、それなりの報告を受けていなければおかしい。

そんな状況下で、次席について三席が告げ口するような発想が僕にはなかった。

もう一つの理由として、検事正に相談するという発想自体が浮かばないほどに、僕が追い立てられていたことが挙げられる。

次席は「こっちで全部やっておく」と言いながら、なんの前ぶれもなく「明日、これをやれ」という指示を連発した。

次席が主任で僕が応援に入っている立場なら、覚悟の上で待っているが、あくまで主任が僕であるからには「ちょっと待ってくださいよ」と言いたくもなる。「これは大変だ。まずはなんとかしなければ」という思いが先に立ってしまい、じっくりものを考える余裕がなかった。

検事になって八年目だった。この年齢なら十分な分別があって当然だったかもしれない。そして、この「八年生の三席検事」は、三十五歳の人間だった。

しかし、このときの僕は、そもそも人間として本当に未熟だった。

社会的生命を左右すると言っても過言ではない、強大な捜査権限や起訴権限を行使する分別が備わっていたのかという意味では、あまりにも未熟だった。

本来であれば、この程度の検事が三席検事をやっていてはいけなかったのだ。

結局、不意討ちばかりしかけてくる次席への不満を全部のみ込んでペーパーを受け取り、命じられた理事の呼び出しを手配した。

翌日は休日で、前夜から降った雪が積もっていたように記憶している。

僕たちヒラ検事は朝早くから佐賀地検に出勤し、理事たちがやってくるのを待っていた。

幸い、多くの理事たちが来てくれた。

予想どおり彼らの記憶はあいまいどころか、ほとんどなきに等しく、僕たちヒラ検事は次席が用意したペーパーにある質問をするどころではなかった。

このような場合、「わかりました。では、恐れ入りますが、もう一度こちらにお越しいただけませんか。それまでにこの日の理事会のことを思い出していただけると助かります」とでも口にして様子を見るか、「お話はよくわかりました。ご協力ありがとうございました」と言って調書をとらずに引き下がればまだ傷は浅い。

最悪なのは、理事たちが突然の質問に面食らいながらも、その場で思い出して話したことをそのまま調書にとってしまい、中身がばらばらの調書をいくつも生んでしまうことだ。

五年も前のできごとについて、複数の人間の話がぴったりと一致するのもおかしいが、それでもじっくりと事情聴取すれば、最大公約数とでもいうべき一致点は見つかる。それすら見つけられなければ、事件はそもそも起訴できないのだ。

しかしながら、一日で調書までとれというばかげた指示が下っていたので、僕たちヒラ検事は調書を作成するしかなかった。

案の定、小説「藪(やぶ)の中」どころではない、各人の供述がまちまちのひどい調書がたんまりできあがった。この日はほかの検事たちの「三席、◯◯さんは××という話をしてますが、どうしたらいいですか？」といった問い合わせ電話の対応にも追われた。

そう言われても、そもそも誰の話が真実か、手がかりはないのだ。問い合わせ電話に「その人がそう言ってるならしょうがない。とっちゃっていいよ」と返すしかなかった。

ちなみに、次席はこの日佐賀地検にいなかった。休日であったし、主任の僕が出勤していたからだろう。

ところで、僕には前年から決まっていた予定があった。二〇〇一年一月下旬から二月下旬にかけてのほぼ一か月間、大阪地検に出張して、研修を受けることになっていたのだ。これは検察庁が決めたスケジュールだったから、検事正でも変えることはできない。

意味のない捜査を続けるうちに、研修に出発する日が近づいてきた。

次席は相変わらず「組合長を捕まえる」と口走るだけで、理事たちの「ばらばら調書」を届けても、方針を変える気配すらない。そもそも調書を読んでいたのかとさえ疑いたくなる。転勤時期が迫ってきたので、一日も早く組合長を「捕まえる」ことしか頭になかったのだろう。

それでもこのころになると、貧弱な証拠から、不正融資に関与した人物がおぼろげながら浮かび上がってきているように見えなくもなかった。

次席が頭から主犯格だと決めつけていた組合長のほか、組合員への融資を担当していた金融部長と、融資相手の組合員がいた地区の支所長だ。

関係者のうち、この時点で佐賀地検が事情聴取をしていたのは金融部長だけだった。ところが、次席はなんと「組合長、金融部長、支所長、そして融資を受けた組合員の四人を一度にまとめて捕まえる」と言い放ったのだ。

「いい加減にしてくれ」と思った。

逮捕・勾留(こうりゅう)してしまったら、二十日間で起訴するかしないかを決断しなければならない。

なきに等しい証拠を見れば、不起訴に向かって突撃するようなものだとわかる。もしも本当にこれらの四人が不正融資に関与していたとしたら、起訴しなければならないはずの者を不起訴にすることになる。

事件を捜査するためには、単に被疑者を逮捕すればいいというものではない。繰り返すが、検事は岡っ引きではないのだ。

次席が関係者の一斉逮捕を唱えたのは、すでに二月が目の前だったからだ。僕は今でもそう確信している。

それはあくまで次席が勝手に決めたタイムリミットだ。無理をしないで四月以降の新体制に引き継ごうという発想が、なぜ湧かなかったのかが不思議でならない。

このようにトップから部下まで一気に逮捕したがるのは、警察の捜査ではありがちだ。

警察からこのような相談を受けたとき、検事は「まずは下の立場の被疑者を逮捕して、その供述の中身を見てからトップを逮捕するように」といさめることが多い。トップであるというだけの理由で刑事責任を問うわけにはいかない。責任を問うためには証拠が必要なのだ。

もちろん、トップの刑事責任を追及して初めて組織犯罪が解決する場合が多いのは事実だ。それでも、まず部下を逮捕して供述を引き出し、その供述がトップの刑事責任を問えるものとわかったときにトップを逮捕すれば、捜査の目的は十分に達成できる。慌(あわ)てて下からトップまで一斉に逮捕してしまえば、勾留満期が同じになるため、お互いに供述をしぶり、全員不起訴になりかねない。もし誰かが本当に刑事責任を負うべき事案なら、そんな結果を招くわけにはいかないのだ。

このように、日ごろは勇み足をしがちな警察に待ったをかける仕事をしている検察庁が、警察の足下にも及ばないずさんな捜査を行っていたのだ。

佐賀地検に転勤して初めて警察本部と一緒に仕事をした贈収賄(ぞうしゅうわい)事件の後、警察の中で「今度来た三席は細かい」との評判が立ったことを思うと、「俺は今、何をやってるんだろう。これではとても警察官たちに合わせる顔がない」と悔しくて情けなかった。

そこで「せめて金融部長、支所長、組合員を初めに逮捕して、彼らの供述を待ってから組合長を逮捕すべきでしょう」と進言した。もっとも、次席に直接ではなく、次席直轄の事務官を通じてだったが。

僕は次席のやり方に嫌気がさしていたので、このころになるとまともに口をきたくなくなっていた。「捜査を全部やっているのはそっちだろう。そのくらい自分で考えろ」という怒りもあった。

大阪地検での研修に出発する前日、次席がわざわざ僕の執務室にやってきてこう告げた。

「君の意見どおり、とりあえずは金融部長たち三人だけを逮捕することにした」

これを聞いて一安心したが、明日から一か月もこの地を離れるのだ。「まさか俺がいない間に三人を逮捕するんじゃないだろうな」と思った。次席は「君がいない間にこっちで三人を逮捕して起訴しておくから。その間の主任はCにやらせる」と言った。

耳を疑った。

「この人、主任の不在中、本当に被疑者を逮捕する気なのか？　しかも、これまでこの事件に全然タッチしていない後輩のCを主任にするなんて、どういうつもりなんだ？」

怒りから歯を食いしばりながら話を聞いていた。

十一年を経た今でも本当に不思議なのは、次席がなぜ、徹頭徹尾ヒラ検事を主任に据えたかということだ。

小規模地検や支部で大事件が起きたとき、次席や支部長が主任になることはあり得ないことではない。そもそも、次席が言うとおり佐賀市農協背任事件の捜査は「こっちで全部やっている」のだから、次席が主任を務めるのが一番すっきりするはずなのだ。

主任はお飾りではない。事件の司令塔であり、全責任を負う役割だ。僕に本当の意味での主任を務めさせたかったのなら、内偵段階から捜査に参加させるべきだった。同じ検事同士でそんな発想自体がおかしいのだが、もしも次席が僕に捜査の様子を知らせたくなかったのなら、僕を主任にしないで次席が主任になるべきだった。

次席は「事件がうまくいったら傀儡主任を指導した自分の手柄。失敗したら傀儡主任の責任」にしようと考えていたのではあるまいか。

もっとも、今となっては次席の考えを知りたいとはまったく思わない。市川寛が農協事件の主任だったのは事実だし、何より僕は後に詳しく述べる悪事を働いたのだから、すべての責任を負ったのは当然だと思っている。

不在中の主任に指名された後輩は「冗談じゃないですよ。僕、なんにも知りませんからね」とうろたえていた。

次席は部下がここまで動揺するさまを見て、どう思っていたのだろうか。

それでも僕はわずかな希望を抱いていた。

「組合長を捕まえる」とわめいてばかりいるが、こんなばかげた捜査をしていては、検事正に待ったをかけられるか、裁判官が逮捕状を出さないだろうと思っていたのだ。

いくらなんでも主任の僕がいない間に、関係者を逮捕するわけがない。検事正が僕が帰るまで待ったをかければ時間切れだ。四月以降に仕切り直しをすればいい。ゆっくり、じっくりやればどんな事件でも自ずと答えが出る。

こんな思いで大阪に向かった。

だが、その希望はすぐに打ち砕かれていった。

大阪地検で研修を受けていた間も、時折佐賀地検に電話をかけて捜査の様子を聞いていた。

被疑者逮捕

一度だけ心の底からほっとした出来事があった。

次席が福岡高検に出向いて被疑者の逮捕の許可を求めたところ、捜査が不十分とのことで突き返されたと聞いたのだ。福岡高検の指摘は当然で、僕は「これで次席も強引な捜査をあきらめるだろう」と思った。

だが、ほっとしたのも束の間だった。

次席はその後もう一度福岡高検に出向き、被疑者逮捕の許可を得てしまったのだ。

「主任の俺がいないのに、本当に、本当に、被疑者を逮捕するつもりなのか？」と戦慄した。

そもそも主任の市川が報告に行っていないことを、高検の幹部や検事たちはどう思ったのだろうか。

そして二月二十一日、とうとう金融部長、支所長、組合員の三人が逮捕されてしまった。これを知ったとき、「もうダメだ」と絶望した。逮捕までしたからには、僕ごときにこの流れを止めることはできない。

佐賀地検を離れてから三週間ほどが経っていた。その間にどんな捜査が行われたのかについては知らない。

そもそも、僕は佐賀市農協背任事件の捜査が始まった当初から主任の看板を背負わされているだけの存在だった。そして、事態はついに被疑者の逮捕まで到達してしまった。

「知らないことだらけで主任が務まるのか。佐賀に帰ったらどうなるのか」と思うと、大阪から行方をくらましたくなった。

だが、僕は三席検事だ。逃げるわけにはいかない。

「こんな事件、どうするんだ」という正直な思いと「三席が事件から逃げるわけにはいかない」という建前を、どうやってつじつま合わせしたらいいのか。

神経がほとほと参っていた。

僕が佐賀地検に戻ってくると、逮捕した被疑者の取調べのために、九州のほかの地検から三年生の検事たちが二人応援に来ていた。

この検事たちがあいさつに現れたが、情けないやら恥ずかしいやらでどう対応していいものか困った。
　主任とはいえ、僕は何も知らないのだ。おそらく実際に被疑者の取調べにあたって
いる応援検事たちの方が、僕より事情を知っていたと思う。
　次席の部屋に行き「事件がどうなってるのか教えてください」と頼んだ。
　そのときの、次席の台詞がふるっていた。
「そんなもの、（次席の直轄の）事務官に聞けばわかるだろ。簡単な事件なんだから」
　つっけんどんにこう答えただけで、何も教えてくれなかった。白日夢を見ているよ
うな気分になった。
「簡単な事件なら、どうして何も教えてくれないんだ？　俺、主任だぜ？　この人は
何を考えてるんだ？」
　次席の態度が信じられなかった。だが、彼に腹を立てたり、この場で泣いたりして
も、事件を理解することはできない。僕はやむなく事務官たちに、一か月のブランク
のうちにどういう捜査があったのかを聞いて回った。
　これが主任の果たすべき役割だったのだろうか。
　三人の被疑者を逮捕した後から、毎朝検事正室で捜査の様子や今後の方針について

話し合う会議が開かれていたようだ。主任の僕もこの会議に出席することになった。初めは何が話し合われているのかすらわからなかった。

わかったのは、金融部長さんは組合長さんから不正融資を指示されたとまで供述するかたちで全面的に自白していること、支所長さんと組合員さんはどちらもほかの被疑者たちとの共謀（不正融資について話し合いをしたことなど）を否認していることだった。

二人の応援検事たちはそれぞれ支所長さん、組合員さんの取調べにあたっていたが、割れなくて苦戦していることもわかった。

そのほか、数人の副検事と数人の事務官たちが関係者の事情聴取にあたっている。不在の間に関係者の事情聴取や証拠の分析がなされていたが、いずれも、逮捕した被疑者からまともな供述を引き出すにはなんの役にも立たない捜査だった。

これは捜査にあたっていた検事と事務官たちをとがめる意味で記すのではない。僕がいない間に捜査を指示していた次席のミスだ。「こっちで全部やっておく」と豪語したのに、果たして何をやっていたのだろうか。

頭を抱えた。

佐賀市農協背任事件の捜査は、まるですべてのインターチェンジを無視して高速道路をまっしぐらに暴走する自動車のようだった。

　僕は主任なのにこの車のハンドルを握ることができずにいる。「そこで曲がってください」とも「そこで止まってください」とも発言できなければ、まして「俺をここで降ろしてください」とも言えずに、「組合長逮捕」という得体の知れない目的地に向けて猛然と走りゆく車の窓から、見たこともない景色を眺めているだけだった。

　そもそもこの捜査では、事件の「筋読み」がまったくなされていなかった。

「筋読み」とは、事件のおおまかな見通しを立てることで、証拠物のていねいな分析と事件の鍵（かぎ）を握る参考人のていねいな事情聴取から生まれる。

　農協事件のケースなら、「組合長が組合員から融資のたびにお礼のカネをもらっていたので、だらだらと無理な融資が続いていた」とか「組合長が組合員から個人的な弱みを握られて脅されていたため、無理な融資の要求を断れずに不正融資が行われた」といった事件の幹のようなものが「筋」である。念のために強調しておくが、これはあくまでたとえ話であり、一人をのぞいて完全無罪になった同事件はこのような構造ではない。

　優秀な検事は筋読みがうまい。僕は川崎支部時代、不起訴にする方向に限っては判断が速かったが、これは筋読みのうちに入らない。優秀な検事がする筋読みは、あくまで起訴する方向でのものだ。

独自調査の主任の仕事を完璧にやってのけるほどの検事には、捜査が進むにしたがって筋を修正する力がある。新証拠が見つかっても初めに立てた筋にこだわり、あげくの果てに証拠を無視するような検事がいるとすれば、その職責をまったく果たしていない。

事件の見通しは、捜査が進むにつれて修正されるべきだ。見通しを越えた「見込み」だけで突っ走る捜査はもはや捜査ではない。事件のでっちあげだ。ひとえともあれ、佐賀市農協背任事件では、筋読みがまるでなされていなかった。ひとえに証拠物の分析が不十分なままに被疑者を逮捕・勾留してしまったからだ。

事件の筋が読めないと、参考人や被疑者からどんな供述を引き出せばいいのかがわからない。つまり取調べにあたる検事は、何を質問すればいいのかがわからない。

そんな検事たちにいくら「割れ」と命じてもなんの意味もない。

相変わらず、次席は毎朝の捜査会議で検事たちに「とにかく割れ」といった程度の指示しかしなかった。

何を言わせたら割ったことになるのかを示せないのだから、命じられた方はどうしていいのかわからない。応援検事や副検事たちは途方に暮れた顔をしていた。

この場には検事正もいたが、まともな指示はしてくれなかった。

ある捜査会議で彼が言い放った言葉は今でも忘れない。

意気消沈している検事たちをにらみつけながら、検事正はこう言った。

「お前ら、この事件が泥舟だと思ってるんじゃないだろうな」

耳を疑った。これが検事正の口にすべき言葉だろうか。

ろくに証拠物の分析もしないで被疑者を逮捕・勾留しておきながら、ほかの地検からわざわざ応援に来てくれた検事たちに向かってこの発言はないだろう。

「泥舟をこしらえたのはあなたと次席でしょう」と言い返してやろうかと思ったが、言わなかった。正確に言うと言えなかったのだ。

何よりも三席検事が公然と検事正にたてつく場面を後輩検事たちに見せるわけにはいかない。上層部が内輪もめしているのがわかれば、間違いなく現場の士気は低下する。

「検事正も次席も、この事件がかわいくないんだな」とようやくわかった。

「事件がかわいい」という言葉の意味は、「事件に身も心も捧げてのめり込み、疑問点を全部洗い出す捜査をして証拠を集める気概があること」とでも言おうか。

僕は徳島地検や大阪地検刑事部で捜査上のミスをしたとき、次席や副部長から「お前、事件がかわいくないのか！」と叱られた経験がある。「事件に気持ちを入れて取り組めばミスは自ずと減る」、これがかつての上司たちからの教えの一つだった。

ところが、農協事件では、検事正も次席も見切り発車で被疑者を逮捕までしていたのだ。

検事正にもまともな知恵がないのかと思うと、やりきれなかった。

それでも闘志を失うわけにはいかなかった。僕は本件の主任たる三席検事なのだ。

このころから、僕は段ボール箱が積まれた部屋にこもって、新しい証拠物の発見と分析に努めた。誰も打開策の手がかりをつかんでいないのだから、主任がやるしかない。

他の検事たちが被疑者や参考人と闘っていた間、僕は段ボール箱に埋もれて証拠物と闘っていた。

組合長さん逮捕の決断

金融部長さん、支所長さん、組合員さんを勾留してから十日目が近づいてきた。

すでに示したように、刑事訴訟法の定めでは被疑者の勾留は本来十日間までだが、やむを得ない場合はさらに十日間まで延長できる。

三人の勾留を延長しなければならないのは、「佐賀地検としては」やむを得なかった。

客観的にみれば逮捕前に決定的な証拠をつかんでおかなければならなかったのだ。だから佐賀地検はやむを得ないなどと言う資格を有していなかった。

次席はある捜査会議で、僕たちに得体のしれないコピー文書を見せて「マスコミからこういう文書を手に入れた。これを使って割ったらどうだ」と指示した。

この会議の後、慌てて検事たちに「こんなものを被疑者に絶対に見せるな」とブレーキをかけた。

マスコミから渡った証拠を見せて被疑者が自白したとして、自白調書の中で自白した理由をどのように説明させればいいのか。わけのわからないコピー文書のオリジナルはどこにあるのか。誰がいつ、なぜコピーしたのか。そもそも本当にオリジナル文書は存在するのか。

こんな基本的なことを全部無視した上で指示しているのだから、「もはや末期症状だな」と思っていた。

延長を目前にしての捜査会議で、いよいよ組合長さんを逮捕すべきかどうかが話題にのぼった。

　支所長さんと組合員さんは相変わらず否認していたので、応援検事たちはうつろな表情になっていた。

　次席や検事正が「否認している被疑者たちを自白させるため、組合長を逮捕して供述を得る必要がある」と言い出した。

「何を言ってるんだ。話が逆だろう」とあきれてしまった。

　そもそも現在勾留している三人を逮捕したのは、まず下の立場にある人たちを逮捕・勾留して組合長さんとの共謀を裏づける供述を得て、その供述を足がかりに組合長さんを逮捕して追及するという捜査方針に基づいた行為だったはずだ。

　すでに十日も否認を続けている部下たちを自白させるためにトップを逮捕するのでは、話があべこべだ。部下たちが否認しているのに、何を手がかりに組合長さんを追及しろというのか。

　気が遠くなるような思いがしたが、刀折れ矢がつきた応援検事たちは次席と検事正の提案に賛同した。そのほかの検事、副検事、事務官たちも組合長さんの逮捕が必要だという意見だった。

　僕の正直な気持ちは「ばかなことを言うな」だった。

初めからボタンをかけ違えているのだ。

威勢よく捜索に乗り込んだまではいいが、何を押収してきたのかすら分析し切れず、単に不正融資があった、そして稟議書に組合長さんたちの決裁印が押されていたという理由だけで三人も逮捕・勾留してしまったのだ。ほとんど証拠がないのに被疑者の身柄を拘束してしまったがゆえに、自業自得として手詰まりになっているだけなのだ。

三人の逮捕は僕が佐賀地検にいない間に行われてしまったので、本来ならその責任を負いようがなかったのだが、いまさら文句など言えない。三席検事が「この事件はダメです。やめましょう」と言えば、捜索からほぼ四か月もの間、歯を食いしばって捜査を続けてきた検事や事務官たちの苦労が水の泡になってしまう。

証拠を完全に分析していないがゆえに、証拠はどこかにあるかもしれないというかすかな希望もあった。

こんな状態で「三席が事件をつぶした」となじられるわけにはいかない。

「主任が、それも三席が事件から逃げた」となると、僕はもう佐賀地検で仕事ができなくなってしまう。こんな大事件を勝手につぶした三席検事の言うことを誰が聞いてくれるだろうか。三席検事は勇猛果敢に事件と闘う見本を示すべき立場なのだ。

そう、しょせんは僕もメンツに縛られていたのだ。

やぶれかぶれの心境で「私も組合長の逮捕はやむを得ないと思います」と言った。さらに「組合長は私が必ず割ります。ですからみなさんもがんばってください」とまで加えてしまった。三席が満を持して出てくるからには、現場の士気を高めるために発破をかけなければならないと思ったからだ。

むろん、僕には組合長さんを割れる自信はまったくない。そもそものための証拠がなかったのだから。

このときの僕は、負け戦だとわかっていながら突撃する、愚かな中隊長のようだった。だが、こう発言するよりほかにどうしようもなかった。俺の後ろにはもう壁しかない。とてもこれ以上はみんなを押し返せない。そんな気持ちだった。ろくに証拠もないのに人ひとりを逮捕するという決断が、こんな形でなされてしまったのだ。

勇気を奮うべき方向が完全に逆だった。本物の検事なら、ここで「この事件はもともと無理があります。ここでやめましょう」と断言すべきだった。

しかし、当時の僕には「こっちで全部やっておく」とことあるごとに吹聴(ふいちょう)していた次席に、理屈で反論する余裕がなかった。

本当に捜査を「全部やって」いたのなら、もっとましな指示ができたはずだ。おそらくその気にはなっていても、次席はろくに捜査をやっていなかったのだろう。

こんな想像ができるのは、この事件の捜査から十一年が経ったからだ。

検事は辞したが、法律家としても人間としても、佐賀市農協背任事件の捜査当時よりはいくらか成長している。だから当時の次席の手の内も見当がつくのだ。

当時の僕は段ボール箱に埋もれる日々を送っていたので、「これだけの証拠をろくに分析もしないで次席に文句は言えない」という金縛りにあっていたようなところもあった。

こうして全員一致で組合長さんの逮捕を決めた。

僕はいよいよ地獄の一丁目に足を踏み入れたのだった。

組合長さんの取調べ

二〇〇一年三月三日の朝、数人の事務官と共に、捜査車両で組合長さんの自宅に行った。

引き戸を開けて玄関に入ると、紺色っぽい和服を着た組合長さんが、ちょうど部屋から出てきたところだった。

組合長さんの姿を見たとたん、絶句してその場に立ち尽くしてしまった。

逮捕するのが内心は嫌だったからそうなったのか、そもそも独自捜査で被疑者を逮捕するのが初めてだったからなのかよくわからない。

すると横にいた事務官が「恐れ入りますが、検察庁までおいで願います」とはっきりした口調で言ってお辞儀をした。逮捕に迷いがなかったからなのか、こういった状況に慣れていたからか、堂々とした態度だった。

組合長さんは驚いた様子だったが「ああ、わかりました。着替えるので待っていてください」と答えた。

組合長さんが背広に着替えると、僕たちは車に乗るよう促した。

地検に向かう車中で、僕は組合長さんに持病はないか、あるとしたらどこの病院に通っているのかを尋ねた。高齢だったため、勾留に耐えられるかどうかを通院先の医師から確認をとるので、あらかじめ持病と通院先を聞いておけという指示を次席から受けていたのだ。組合長さんは僕が世間話をもちかけていると思ったのだろう。よどみなく通院先を答えてくれた。まさかすでに逮捕状が出ているとは、夢にも思っていなかったろう。

検察庁に着くと、組合長さんの取調べを始めた。

逮捕状は出ていたが、なにしろ初めてまともに話を聞くのだから、少しでも弁解を聞いておこうという考えがあった。

世間話も含めていろいろな話を聞いたが、組合長さんは事件については「私は一切かかわっていませんし、不正な融資の指示を出したこともありません。そもそも不正な融資だとは知りませんでした」という骨子の、その後公判に至るまで終始変わらなかった弁解をした。

予想どおりだった。

僕は逮捕やむなしと決断し、逮捕状を執行した。組合長さんに逮捕状を見せ、被疑事実（逮捕の根拠となる事実）を読み上げ、「あなたをこの背任の事実で逮捕します」と告げた。

「もはやどうしようもない」というあきらめの気持ちがあったからだろうか。それとも、「とにかく逮捕せよ」とだけプログラムされたロボットのような状態に陥っていたからだろうか。初めて自分で被疑者を逮捕するというのに、僕の声は変に落ち着いていた。

そして、立会事務官が組合長さんの両手に手錠をかけ、腕時計を見ながら「〇時〇分逮捕」と逮捕時刻を言うと、すぐに手錠をはずした。

検事生活の中で逮捕の場面に立ち会ったのは、これが最初で最後だった。

もし、まっとうな捜査を尽くした上での逮捕だったら、おそらく「さあ、これからが本番だ」と闘志を燃やしただろう。

しかし、このときは「もう俺に逃げ場はない。何がなんでもこの人を割るしかないんだ」という、鉛の板を背負わされたような憂鬱な思いしかなかった。「何がなんでも割るしかない」のに、闘志は湧かなかったのだ。

組合長さんはこわばった表情をしていたが、文句を口にしたり取り乱すことはなかった。もちろん、内心は悔しさや怒りや疑問でいっぱいだっただろう。当時の僕ですら、その心境はそれなりに想像できた。

組合長さんとはとても比べものにならないし（そもそも比べること自体が罪だろう）、その意味合いも異なっていたはずだが、僕の頭の中も悔しさと怒りと疑問でいっぱいだった。

「なんでこんなことになったんだ？　俺は何をやってるんだ？」というやり場のない怒りが心中で渦巻いていた。

そう、怒りだ。

でたらめな捜査をやっている自分に対する怒り、でたらめな捜査を止めることができない自分に対する怒り。ありとあらゆる怒りが心の中で煮えたぎっていた。

僕はこの日までずっとこの怒りを押し殺して、はた目には「泰然自若とした三席検事」を無理の上に無理を重ねて演じていた。抑え続けていたこの怒りが、その後間もなくの生涯最悪の過(あやま)ちを招いた一因だと思う。

組合長さんは佐賀少年刑務所（佐賀県には拘置所がなく、刑務所がその代わりの施設だった）にほかの三人の被疑者と一緒に勾留された。

僕と立会事務官は、ほぼ毎日ここに通って、組合長さんを取り調べた。

取調べを始めた時刻はほとんどが夕方だった。

やみくもに取調べをしても意味がない。組合長さんを割るための証拠が必要だったからだ。

僕は朝のくだらない捜査会議に顔を出すと、段ボール箱に埋もれて証拠探しに努め、役立ちそうなものを見つけると、それを執務室に持って行って読み込み、あるいは表にしたり中身を抜き書きしたりしていた。これだけの作業で夕方になってしまうのだ。

証拠を探している間も、怒り心頭に発していた。

「身柄をとってから（被疑者を逮捕・勾留してから）証拠を探すばかがどこにいる」と

いう怒りで、歯ぎしりしていた。

怒りで頭がいっぱいになっては証拠を分析できないから、ここでも本当の気持ちを押し殺していた。

本来なら、独自捜査で被疑者の取調べを担当する検事は、朝から夜までずっと取調べを行なわなければならない（もちろん、このような長時間にわたる取調べには別の問題がある）。だが、取調べの時間は作りたくても作れなかった。

証拠がない。

この恐ろしい理由のおかげで、高齢の組合長さんを長時間にわたって取り調べずにすんだ。皮肉なものだ。

組合長さんの取調べについて書くのはとりわけ気が重い。

次席からは「割れ」とさんざん言われていたが、ここでの「割る」の意味は自白を得るのとは少し意味が違う。

本来、「割る」とは自白を得ることを指す。

だが、場合によっては「被疑事実を認めさせる」という意味を持つ。

大阪地検刑事部で「否認でも起訴できるだけの証拠があります」と副部長に言った

とき「そんなに証拠があるなら割れ！」と叱られたときの「割れ」は、「認めさせろ」という意味だった。

自白はれっきとした供述だが、これを引き出す前提として、そもそも被疑者に被疑事実を認めさせて屈服させることが必要なのだ。そうして初めて被疑者にしか言えない事実が語られる。佐賀市農協背任事件で応援検事たちが次席から求められていたのも、まずは「認めさせる」ことだったはずだ。

ところが、追及するための証拠がないから、被疑者を屈服させようがない。そもそも誤って被疑者にしていたのだから、屈服させられるわけがなかった。

僕も組合長さんから自白を得る前提として、とにかく事実を認めさせるのが先決だと考えていた。

そこで、まず弁解を全部引き出そうと努めた。

僕の質問が拙（つたな）かったからだろう、組合長さんは「私は一切かかわっていません。共謀などしておりません。不正融資だとは知りませんでした」の一点張りだった。逮捕当日と同じで、それ以上弁解が深まるわけでも詳しくなるわけでもない。

困り果ててしまった。

時間がないので、ただひとり自白していた金融部長さんの供述を初めからぶつけて

「部長はこう言ってますけど」と問いただすところから始めたが、組合長さんは「はぁ？」とつれない返事をするばかりだった。

追及の一方で、組合長さんが佐賀市農協に就職してから今に至るまでの苦労話や、農業に関する問題などを話してもらい、佐賀市農協自体を理解しようともしていた。もちろん、そこに追及の手がかりがないかという下心あってのことだ。

このような被疑事実に直接に関係のない質問には間髪を入れずに答えてくれる組合長さんは、いざ僕が「で、結局この融資はどうなんですか？」と本題に水を向けると「はぁ？」とさも言うことが聞こえないかのような返事に終始したのだ。

逮捕当日に組合長さんを自宅から佐賀地検まで連れて行く車内で、持病について尋ねていたが、耳が遠いとも、耳鼻科に通院しているとも聞いていなかった。

だから、本題に入ると組合長さんが耳が遠いふりをしてとぼけているのだと思い込んだ。

二回だけ大声で反論されたことがあった。

初めのいきさつはこうだった。

僕は「組合員さんからカネでももらってるんじゃないの？」と探りを入れた。中身のない取調べを重ねるうちに、しびれを切らしてなれなれしい口調になっていた。

根拠のない話だからあくまで探りであって、追及するつもりはまるでなかった。証拠もないのに追及しようがない。

ところが、組合長さんは烈火のごとくに怒り出し、「そんなことは絶対にありません！ もしそんなことがあれば、私はこの場で腹をかっ切ってやります！」と目を見開いて大声を出した。「かっ切って」という言葉が出たとき、その口からつばが飛んだ。

このときの組合長さんは怖かった。

これは、僕の質問があまりに礼を失するものだったからだろう。激怒された理由も今ではよくわかる。

こんな具合だったから、いくら取調べを重ねても何も進まなかった。

組合長さんが二度目に大声を出したのは、僕が生涯の最大の過ちを犯したときだった。

「もうあきらめろ」

組合長さんを勾留してから十日目を迎えようとしていたとき、初めに逮捕・勾留した三人の最終満期が近づいてきた。

再逮捕ができる余罪がないからには、いよいよ処分を決めなければならない。

支所長さんと組合員さんの取調べを担当していた応援検事たちは、次席から毎朝「どんなことをしてでも割れ」と中身のない叱咤（しった）を受けていたが、このころになると、どうにかこうにか形ばかりの自白調書をもぎとっていた。

しかし、二人は調書の上では自白しているものの、実際は逮捕当初から変わらない否認を続けている。

支所長さんの取調べを担当していた応援検事は「支所長さんの弁解はあながち否定し切れない」という心証を口にしていた。捜査が間違っていると初めて発言した検事だ。

次席はこの応援検事の訴えにまったく耳を貸さず「何がなんでも割れ」と命ずるばかりだった。僕はこの応援検事をかばってあげられなかった自分を猛烈に恥じている。

三人の勾留最終満期直前の捜査会議で、処分をどうするかが話し合われた。

自白していた金融部長さんの起訴は、すぐに決まった。

組合員さんは融資の借り手であることなどを考慮して、不起訴にするという結論もすぐにまとまった。

問題は支所長さんの処分だった。

僕は応援検事の心証も踏まえ、さらには支所長さんが金融部長さんとは異なり、不正融資を議決した理事会に出席していないことを重くみて、不起訴にすべきだと考えていた。

起訴するかしないかについて、次席が現場の検事、副検事や主力の事務官たちに意見を求めた。

検事たちはみんな口々に「消極（不起訴にすべきだという意味）です」と答えた。主任の僕は最後に意見を求められたが、即答で「私も消極です」と言った。

捜査に実際に従事していた検察官と事務官の全員が支所長さんを不起訴にすべきだという意見で一致したのだ。総勢十人ほどはいたはずだ。

僕たち現場の人間があらかじめ話し合う機会はまったくなかった。だからこそ、現場の全員が不起訴とした意見には重みがある。

ほかの検事たちが口をそろえて不起訴だと言ってくれたことに、心の底からほっとした。「俺は間違っていないんだ」と主任としての自信を取り戻せたからだ。

「消極です」「私も消極です」という言葉が繰り返されるのを聞くにつけ、現場のみんなが一丸となって、無理な捜査を命じ続けてきた次席や検事正に、ささやかな抵抗をしてくれているようにも思えて心強かった。

ところが、これに慌てたのが次席と検事正だった。

次席は「否認している奴(やつ)を不起訴にするわけにはいかない」と言った。

それは、いわば検察庁の本音だ。

応援検事の奮闘のおかげで、支所長さんの自白調書はできあがっていた。

それなのに次席は支所長さんが「否認している」と断定した。つまり、実際は否認しているのに自白調書をでっちあげたことを十分に認識していたことになる。

検察庁はこんなところなのだ。

そもそも否認しているから不起訴にできないという理屈が、僕にはさっぱりわからない。「こっちで全部やっておいた」はずなのだから、もう少しましな理屈を述べてもらいたかった。

検事正もわけのわからないことを言い出した。

「支所長を不起訴にして釈放したら、組合長の公判に証人として出てきたときに組合長側に寝返る。起訴することで、支所長は公判でもうちに有利な供述を維持するはずだ」

「話が逆だろう」と思った。

取引と言われればそれまでだが、不起訴、釈放というメリットによって、むしろ支所長さんは検察庁に協力しようという気持ちを抱くのではないだろうか。このまま起訴して保釈もしなければ、それこそ恨みがつのって、公判では否認に転じるだろう。

いずれにせよ、最前線で事件と闘っている検事や事務官がそろいもそろって不起訴だと進言しているのに、今までろくに指示もしてくれなかった次席と検事正は、根拠にならない根拠で起訴しろと言う。

お飾り同然とはいえ、主任であり、しかも三席検事である僕までが不起訴だと意見を述べているのに、彼らは現場の意見を歯牙にもかけなかった。

あらかじめ次席と検事正は支所長起訴という結論を出していたのだ。

さすがに怒りが顔に出ていたのだろう。検事正が僕を見てこう言った。

「お前、もうあきらめろ」

「お前たちは支所長は不起訴だと言っているが、起訴するんだ。だからお前も不起訴をあきらめろ」という意味だ。

なんのことはない、大阪地検刑事部時代にさんざん聞かされた検察庁の決まり文句の「立てろ！」がまたしても現れただけだった。

人を起訴するかしないかを決めるには、少なくとも証拠に基づいた議論が戦わされなければならないだろう。そう思っていたからこそ、ろくに証拠を知らないという自覚から次席や検事正にずっと黙ってきたのだ。

しかし、次席は「支所長は否認しているから」、検事正は「不起訴にしたら支所長は公判で寝返る」、これが起訴の根拠だ。どこに証拠に拠る立論があったのか。

では、僕はどうすべきだったのだろう。

大阪地検刑事部の副部長のように、次席と検事正を怒鳴りつければよかったのだろうか。そうしたい気持ちも湧いたが、それよりも「もう、うんざりだ」という気持ちの方が大きかった。

二〇〇〇年十一月に次席から主任だといきなり言われてから四か月ほどの間、僕は捜査から遠ざけられ、佐賀地検にいない間に勝手に被疑者を逮捕され、証拠も理解できないうちに組合長さんの逮捕まで命じられ、最後には主任として、さらに三席検事として述べた意見を無視された。

「俺がいてもいなくても同じじゃねぇか。勝手にしろ」。何もかもが嫌になって心の中でこう吐き捨てた。

次席と検事正に負けた。しかも闘わずして。

僕はそれまで証拠と必死に闘っていた。ばかげたことを言う上司と闘う力は残っていなかった。

不起訴にすべき人物をこんな理由で起訴してはいけないことは百も承知している。だが、このときもどうしようもなかった。抵抗する気力すら失せていた。そもそも佐賀地検三席検事の器ではなかったのだ。僕自身にその力がなかったし、上司も僕をそう見なしていなかったのだ。

それでも僕はこの屈辱的な会議のあと、また段ボール箱に埋もれて証拠を探し、分析してから組合長さんの取調べを行った。

夜の十時ごろ、僕と立会事務官は、佐賀少年刑務所から誰もいない佐賀地検に戻ってきた。

執務室の明かりをつけて机の上に目をやると、白い紙が置かれていた。

「起訴状」と書かれていた。

金融部長さんと支所長さんを、組合長さん、組合員さんとの共謀で起訴するという内容の起訴状だった。

誰が起訴したかを示す「検察官検事」という文字の隣は空欄になっていた。本来は起訴した検事、すなわち主任がこの欄に署名することになっている。

起訴状の上の方には、次席と検事正の決裁印が押されていた。

この署名欄が空白の起訴状を見たとき、まさに怒髪天を衝く思いがした。

「なんだ、これは！」

立会事務官がすぐそばにいるのもはばからず、僕は大声を上げた。

頭に血が上ってしまい、手がぶるぶると震えてしまった。そんな自分を落ち着かせるため、机の後ろを振り返って執務室の窓から真っ暗な外を眺めた。

そのわずかの間も「あー！　なんだ、これは。あー！」と気がふれたかのように吠えていた。

支所長さんは不起訴だと意見を述べたのだ。そして僕は主任だ。

上司は勝手に中身を書いて、署名だけ僕に迫っているのだ。

本来なら、主任が署名した起訴状を次席の決裁に上げ、通れば次席が印を押す。さらにこの起訴状を検事正に見せ、決裁が通ったらそこで初めて検事正の決裁印が押される。

ところが、この署名欄が空白の起訴状には、主任である僕の署名がないにもかかわらず、ごていねいにも先に次席と検事正の決裁印が押されていた。

十二年九か月の検事生活の中で、こんな起訴状を見たのはこのときだけだ。

主任が署名していない起訴状を上司が先に決裁する。前代未聞の珍事だ。

そもそも僕は一文字たりとも書いていない。

「今朝、検事正が俺に言った『あきらめろ』とはこういうことだったのか」

怒りで頭が破裂しそうになった。体温がみるみる上がっていく。

こんなばかげた起訴状に署名できるわけがない。

このとき初めて佐賀市農協背任事件から本当に逃げようと思った。このまま佐賀から行方をくらまして、東京でも大阪でもどこにでも逃げてしまおうか。だが、そんなことをしても無駄だということはわかっている。

僕に逃げ場などないのだ。

行方をくらましたところで、「佐賀の三席が逃げた」という悪評を全国の検察庁に広めるだけで、しっぽを巻いて逃げた検事という、消すことのできない烙印(らくいん)を押されておしまいだ。

それに、ここで逃げたら、今まで地を這(は)うような思いで捜査を続けてきた検事や事務官たちを見捨てることになってしまう。三席検事が突然はだしで逃げ出したら、佐賀地検は空中分解してしまうだろう。

僕は三席検事だ。佐賀地検をつぶすことは絶対にできない。

こう思って、起訴状に署名した。

徳島地検で、被疑者が言ってもいないことを勝手に調書にとり、署名を強要してしまった。今度は上司からまったく同じ仕打ちを受けたのだ。かつて犯した罪への罰だったのだろうか。

このとき署名したのは、いわば地獄行きの特急列車の乗客名簿だった。

僕はこうして起訴してはならぬ人を起訴してしまった。

「振り返ると」。本書では、これまでもこの言葉を使った。

だが、この起訴状に署名した場面についてだけは、そのようなのんきな言葉を発することができない。

これまでの人生で最悪の瞬間だった。

さまざまな場面において、「こうすべきだった。ああすべきだった」と思いつく。

さらに進んで「こうできたかもしれない。ああできたかもしれない」

しかし、この場面についてそれを書く気持ちにはなれない。

今さら何を言っても無駄なのだ。

正当な理由なく、ひとりの人間を検察庁の論理のみで起訴してしまったのだから。

人の道からはずれているのは僕自身が一番わかっている。

しかも、僕はこの後も立て続けに人の道からはずれた行為を続けたのだ。

翌日は三人の勾留最終満期だった。

執務室に支所長さんの弁護人から電話がかかってきた。

弁護人は「〇〇さんの処分はどうなりますか」と落ち着いた声で尋ねてきた。

「公判請求です」と答えた。

すると弁護人はほんのわずかな時間押し黙り「それはちょっと意外な処分ですね。まぁ、わかりました」と皮肉っぽい言葉を告げて電話を切った。

支所長さんの弁護人は、僕が佐賀地検に来て初めて手がけた贈収賄事件の収賄者の弁護人だった。後の懇親会で、わざわざ僕に「あなたとはけれん味のない、気持ちのいい仕事ができたよ」と声をかけてくれた人だ。

こともあろうに、僕はこの弁護人がついている支所長さんを起訴してしまったのだ。

「意外な処分」という言葉は僕の本心と同じだった。常識のある法律家なら起訴できるはずがないとわかっているのだ。

尊敬していたこの弁護士まで裏切ってしまったと思うと、二重、三重に気が重くなった。

「もうあの先生に合わせる顔がない」

誰もいないところで泣き叫びたい気持ちだった。

初めに逮捕・勾留した三人の処分がすむと、応援検事たちはそれぞれの所属地検に帰っていった。

金融部長さんを取り調べていた検事もお役御免となった。そのほかの参考人を取り調べたり、報告書を作ったりしていた副検事や事務官の多くが捜査から離れていった。毎朝の捜査会議もなくなった。

孤独な闘い

「あとは組合長を起訴するだけ」というたるんだ雰囲気が佐賀地検に漂っていた。被疑者を逮捕・勾留しての捜査が三月に行われていたのがよくなかった。三月は年度末で、検事、副検事はもちろん、事務官も四月の定期異動を目の前にしているから、どうしても次の任地での仕事が気になってしまう。

僕のほかにこの事件にかかわっていた検事、副検事は全員、四月に転勤することになっていた。

その内示は二月には正式に出ていた。だから、被疑者を逮捕した時点で、次席は四月に転勤する検察官ばかりを捜査にあてたことになる。自分自身も含めて、だ。

大型事件の捜査・公判に際しては、検察庁なら複数の検察官を投入するのが常識だ。ましてて独自捜査なら、公判も複数の検事で対応すべきだ。

検事正や次席には「三席に任せておけば大丈夫」という信頼があったのかもしれない。

そうであれば、僕の不起訴意見がいとも簡単に無視されて支所長さんを起訴するはめになったのが解せない。検事正や次席は、僕という個人はともかく、三席検事という存在をどのように見ていたのだろうか。

初めの三人の処分がすんでしまったので、佐賀少年刑務所に毎日通って取り調べる検事は僕だけになった。一人で後始末をやらされているような苦々しい思いをしていた。

お役御免になった検察官たちは、年度末の恒例行事の転勤者の送別会に出席して、はめをはずして酒を飲んでいた。

いい気なものだ。

ずっと後のことになるが、福岡高裁で審理された佐賀市農協背任事件の控訴審で、検察官か事務官が作った参考人調書について、別の参考人なのに同じ生年月日が記載された調書が複数あったと報道され、問題になった。

この失態の責任も僕が負うべきものだが、いくらなんでも参考人の生年月日までチェックできるはずがない。

そもそも僕は組合長さんを逮捕した後、日中は証拠探しに、夕方から夜までは取調べに追われていたのだ。ほかの検察官や事務官が作った調書に目を通している時間などない。せいぜい自白していた金融部長さんの調書しか読んでいなかった。

こんなみっともないミスが起きたのは、そもそもその調書を作った本人がたるんでいたからだ。

無理もない。なにしろ年度末に慌(あわ)てて捜査をやったのだ。心を四月以降の新しい任地に飛ばしてしまっている検察官や事務官に、腰をすえて捜査しろといっても限界がある。

四月以降も佐賀地検に残る検察官や事務官が複数いるのだから、次席はそうした者を捜査に従事させるべきだった。

とことん間の抜けた指揮をしてくれたものだ。

その根底には、次席の慢心があったと思う。

なにしろ得体のしれない怪文書のようなコピーを手に入れたときから「組合長を捕まえる。そして議員を捕まえる」とわめいてきたのだ。逮捕すれば組合長さんはすぐに自白するだろうとなんの根拠もなく高をくくっていたのではあるまいか。

今でも忘れられないできごとがある。

三月下旬、転勤する検察官の送別会を名目とした一泊二日の慰安旅行が予定されていた。組合長さんの勾留期間中だ。

僕は一分一秒でも組合長さんの取調べをしたかったので、とてもではないが旅行に行くことはできないと思った。

検事正室に出向くとたまたま次席もいたので、ちょうどいい機会だと思い、検事正と次席に「取調べがあるので、私は旅行には行きません」と申し出た。

ところが両名は口をそろえて「そんなことが許されると思ってるのか。旅行に参加しろ」と言った。

とにかく佐賀市農協背任事件の捜査中は検事正と次席の発言に唖然（あぜん）とすることばかりだった。

この時点でも組合長さんは否認を続けている。だからこそ、主任の僕は毎日毎日段ボール箱に埋もれながら証拠を探し、分析して、押し問答を繰り広げていたのだ。

その主任が仕事に集中したいと申し出ているのに、上司がそろって「慰安旅行に参加せよ」という組織がほかにあるだろうか。

「何を言ってるんだ。そんなひまがあったら調べろ！」と叱るのが本来の筋道だ。

だが、僕はまったく逆の仕打ちを受けたのだ。

改めて「こいつら、事件が全然かわいくないんだな」と軽蔑した。

検事失格

組合長さんと毎日意味のない押し問答をしている状況に加えて、上司の無理解な仕打ちにほとほと嫌気がさしていた僕の心の中には、抑えようのない怒りがたまっていた。

第一陣の三人の処分がすんでしまうと、その怒りに「なんで俺ひとりがこんな意味のない取調べを続けないといけないんだ」という不満が加わった。

組合長さんにしてみればいい迷惑どころではなかっただろう。

それでもこのころになると、僕はそれまで誰も見つけられなかった文書を数多く探し出していた。

こうした文書を見せては「どういうことなんだ？」と説明を求めた。僕の口調は苛立ち(だ)から次第にぞんざいなものになっていった。

世間話には抵抗なく応じる組合長さんは、相変わらず「はぁ?」と聞こえないふりをする。そのため「あのね、聞こえる? この○○って書いてある書類だけどね、ここにあなたの名前があるだろ? わかる?」と大声で質問することが増えた。

組合長さんは応(こた)えてくれず、苛立ちはつのる一方だった。

問題の不正融資はこの捜査から五年前に起きた。僕が探し出した文書はそれ以上前に作られたものだったから、そんなものをいきなり見せられても答えようはないだろう。

しかし、当時の僕にはそこまで考えをめぐらせる余裕がまったくなかった。

事件がかわいくない上司に腹を立てていたし、捜査のでたらめさにも立腹していた。

組合長さんの一言一言がしゃくにさわって仕方がない。

それでもなお、自分なりに手を替え品を替えて、組合長さんを追及した。

組合長さんは、逮捕された当初から「トップとしての責任は痛感しております」と話していたので、この責任感を利用して割れないかと目論(もくろ)んだ。一人取り残された僕は「さっさと割って、この事件から逃れたい」という一心だった。

ある日の取調べで、「あのな、あんたはいつもトップとしての責任って言うけどね。

責任ってどういう意味なんだよ」と荒々しく迫った。このころになると、組合長さんに敬意を払うゆとりはまったくなくなっていた。ちんぴらが言いがかりをつけるような口のきき方に終始していた。

「それは、組合員の方々にご迷惑をおかけしたことです」と答えが返ってきた。

これを足がかりに刑事責任を認めさせようと欲張って、「だから、責任ってなんだよ」と凄んだ。典型的なばか検事の割り方だ。下品極まりない。

組合長さんは、もういい加減にしてくれと言わんばかりの口調で「ほかに何があるって言うんですか？」ときっぱりと語った。

「狂犬の血」が騒いだ。四年前に大阪地検刑事部で狂犬のような取調べをやった心理状態が一瞬にしてよみがえった。

心底から頭にきて「ふざけんな、この野郎！　ぶっ殺すぞ、お前！」と組合長さんを怒鳴りつけた。

検事市川寛のぶざまな絶命の瞬間だった。

組合長さんも負けじと「どうぞぶってください！」と怒鳴りながら胸を突き出す。我にかえった僕は慌てて「今のは言いすぎた。悪かった」と言いながら、頭を机につけて謝った。

組合長さんは怒りを鎮めてくれたようで「いや、こちらこそ失礼しました」と頭を下げてくれた。

僕がはっきり覚えている「暴言」はこれだけだ。

ところで、組合長さんは、僕の取調べについて次のように話している。

「市川検事は、取調べの間、私が何を言っても聞く耳もたず、検事にとって『否認』になるような話をすると、途端に『こん畜生。ぶち殺すぞ、この野郎！』と机を手刀で叩きながら怒鳴りつけた。毎日のように『ぶち殺すぞ！』と怒鳴られた。さらに『第二弾、第三弾があるぞ（「余罪で逮捕するぞ」という意味）！』とも怒鳴られた。あれは拷問だった」

僕にはここまでひどいことをしたという記憶はない。

しかし、振り返ってみると、そもそも取調べに臨んでいた時点で、捜査に対するありとあらゆる怒りでいっぱいだった。冷静さを欠いていたのは間違いない。

自分自身が覚えていないだけで、無意識のうちに「拷問」を繰り返していたのかもしれない。

しかも、すでに書いたとおり、高校時代は応援団に入っていたため、自分では声の限りに怒鳴ったつもりがないのに、端からはとてつもない大声に感じられたかもしれない。

だとすれば、「記憶がない」などととぼけるわけにはいかない。「拷問」に終始していたのだったとしたら、それは検事どころか人間として犯してはならない蛮行だったのだ。

組合長さんは、僕の取調べのために、ＰＴＳＤを患(わずら)ってしまったと聞いた。

これほどまでに苦しみを与えてしまったことに「本当に、本当に申し訳ありませんでした」と心からお詫(わ)び申し上げる。

引き続き、僕の記憶で続ける。

「ぶっ殺すぞ」と口走った次の瞬間、「しまった、もうダメだ」と観念した。

怒りにまかせての衝動的な言葉だったが、そうであるがゆえに最悪の発言だということは僕自身が誰よりもわかっていた。取調べにおいて感情的にふるまってしまったとしたら、もはやその者は検事ではない。

慌てて頭を下げたが、内心では「これでおしまいだ」と思っていた。こんなひどい言葉を口にした以上、仮に今後割れたとしても、その自白に任意性が認められるわけがない。

職を辞するしかないだろうと覚悟した。

大阪地検刑事部時代にさらに非人間的な取調べを行ってはいたが、被疑者が有罪だという確信あってのことだった。だから辞めようとは思わなかった。

しかし、今回は違う。

初めからろくに証拠がない捜査に従事させられているという怒りのあまり、検事が絶対に口にしてはならない暴言を吐いてしまった。

後悔先に立たずとは言うが、そんな言葉ではとても片づけることのできない過ちをいとも簡単に犯してしまった。

「三席検事が事件をつぶしてはいけない。三席検事が事件から逃げてはいけない」という一心でここまで持ちこたえてきたつもりだった。だが、なんのことはない、自ら墓穴を掘ってその中に落ちたのだ。

今思い出してもへどが出そうだ。

だが、これはまぎれもなく僕がやったことだ。

検事正や次席から指示されたわけではない。

佐賀市農協背任事件を「つぶした」のは、主任で三席検事だった市川寛という愚かな輩(やから)だったのだ。

組合長さんの起訴

「ぶっ殺すぞ」と暴言を吐いた後、慰安旅行に参加した。

宴会の席上で、検事正から「ただ時間をかければ被疑者は割れるってものじゃないんだ」と説教されたときは、酒をひっかけてやろうかと手が震えた。

「そっちは高みの見物でいいだろうけどな、こっちは気が気じゃないんだよ。ばか野郎」

こんな暴言を吐いてやりたかった。

旅行から帰ってきた当日も、夕方から組合長さんを取り調べた。

手元には、今回の不正融資以前の融資が佐賀市農協で問題視されていたことを示すあらゆる文書が集まっている。

ただ、これらの文書からはせいぜい佐賀市農協がかつて不正融資を行ったことが証明できるだけで、「誰が」今回の不正融資をくわだて、あるいは指示したのかは判明しなかった。

次席は今回の不正融資の稟議書に決裁印を押した人たちが関与者だと決めてかかっていたが、決裁印はそれを推測する手がかりにはなっても、断定できるほどの価値はない。まして、それを押した者がすべての事情を知っていたと証明できる証拠にはならない。

組合長さんをはじめ、役職に就いている人たちは、毎日多くの決裁をしていたはずだ。部下の報告をうわの空で聞きながら決裁することもあっただろうし、機械的に押印したケースも十分にあり得る。

仮に今回の不正融資にかかわったのが誰だったのかが推定できたとしても、その人が何のために不正融資をしたのか、つまり動機がさっぱりわからない。僕が集めた文書からも、とても想像できなかった。

公判での立証をイメージするのが癖だった僕は「組合長さんを否認のままで起訴し、法廷で文書を突きつけて質問すれば、動機はともかく、不正融資に関与したことは裁判所に認めてもらえるのではないか」と思った。文書があれば「ぎりぎりの有罪」がかろうじて望めるのではないかと考えていたのだ。

もっとも、当時の僕は疲れ切っていたので、この見通しはもっぱら自分をなぐさめるためのものにすぎなかった。

このころになると次席に「支所長も割れてるんだから、組合長も割れるだろう」と圧力をかけられていた。「支所長は否認しているから起訴する」と言ったはずなのに、支所長さんの「自白調書」ができているから組合長さんも割れというのだから、たまったものではない。

旅行から帰ったばかりの僕は、組合長さんにとある文書の説明を執拗に求め、理詰めで追い込んだ。やぶれかぶれだった。

組合長さんは僕の矢継ぎ早の質問にしどろもどろになると、とうとう「まいりました。（被疑事実を）認めます」と言って深々と頭を下げた。

組合長さんが「割れた」瞬間だ。

これ以上詳しく説明するつもりはない。

それより前に組合長さんを「ぶっ殺すぞ」と追いつめていた。

だから、組合長さんの屈服は僕の理詰めの質問からではなく、それ以前の暴言に拠るものだとしか言いようがない。

「正々堂々と割った」などとは口が裂けても言えないのだ。

このときを境に組合長さんは僕の言いなりになった。

「ことここに至っては、組合長が証拠の文書の意味を時の流れにしたがって説明する内容の供述を調書にとれば、署名するだろう。動機は不明のままだが、文書の意味を認めている自白調書を作ればとりあえず格好はつく」と考えた。

僕はその後二日は取調べをせずに、執務室でひたすら「自白調書」をパソコンで作っていた。それまでの組合長さんの発言をつなぎ合わせて、作文していたのだ。

勾留の最終満期の三月二十三日、とてつもない長さの「自白調書」と証拠の文書を持参し、組合長さんの前で延々と朗読して聞かせた。

組合長さんはこの日も文句を言わず、すべての「自白調書」に署名した。

その最中(さなか)に、「組合長を起訴したという記者会見をやるから、早く帰ってこい」と次席に電話で命じられた。

彼は、何かにつけて記者会見を開いていた。

すると翌日の地元の新聞にその様子が載る。

得意満面だったのかもしれないが、僕は「特捜部長ごっこをやって何が面白いんだ」という、半分は苦々しい、残り半分は軽蔑した思いで見ていた。

最も重要な「自白調書」の署名をもらうところにまで横やりを入れてきた次席に、またも怒りがこみ上げてきた。「どこまでこの事件をなめてるんだ」と思った。

指示を無視して「自白調書」をゆっくり朗読した。ちっぽけな抵抗だった。

「自白調書」に署名した日について、組合長さんは次のように述べている。
「市川検事は早口で調書を棒読みした。資料を見せてもらったこともなかった。私が反論すると、また『ぶち殺すぞ！』と机を叩いた。私は恐ろしくなり、やむなく署名した」

これもまた記憶にはない。

そもそも僕は一度も冷静沈着な精神状態で組合長さんの取調べに臨んだことはなかった。大阪地検から佐賀地検に戻ってからというもの、怒りは日一日どころか刻一刻と増すばかりだった。

だから、同日についても、自分を失った精神状態で蛮行を繰り返したのかもしれない。

組合長さんにはいくら詫びても詫び切れない。僕は検事としてどころか、人間として最悪だったとしか言いようがない。

組合長さんの起訴状にも主任の僕が署名した。

怒髪天を衝く思いを抱いた支所長さんたちの起訴状を丸写しして作ったものだ。

支所長の起訴状はおそらく次席が書いたのだろう。僕は何も考えないようにしてそれを丸写しし、組合長さんを起訴した。

こうして僕の検事生活、いや人生でも最悪の体験はひとまず幕を下ろした。

「組合長さんが公判でも認めてくれればありがたいのだが」と身勝手な願いを抱いた。検事として、そして人間としての良心は、もはや、かけらほども残っていなかった。

違法捜査

僕は慌てて証拠の点検に入った。

事件を知っているのは次席だけだから、冒頭陳述の骨組みだけでも起案してチェックしてもらわないと、とても公判が維持できない。次席は四月に転勤してしまうから、残された時間はたった一週間だ。

応援検事たちがとった調書に初めてまともに目を通すことができた。

絶句した。

立証の柱となるのは、逮捕したときからずっと自白していた金融部長さんの調書だったが、応援検事たちがとった調書は金融部長さんのものとつじつまが合っていないどころか、まるでばらばらなのだ。

これでは曲がりなりにも筋を通した形に仕立て上げた組合長さんの「自白調書」が宙に浮いてしまう。

しかし、応援検事たちを責める気持ちは起こらなかった。ろくに証拠がないのに毎朝次席から「割れ、割れ」とだけ急き立てられ、息も絶え絶えになりながら調書をとってくれたのだ。そもそも応援検事たちは三年生だったから荷が重すぎた。

「全部次席と検事正がチェックしていたはずなのに、このざまはなんだ」

またも彼らに腹を立てた。

こんなばらばらな調書を、どうやって冒頭陳述に仕立て上げろというのだ。徹底的にでたらめな捜査の責任を全部負わないといけないのかと思うと、気が遠くなる思いがした。

ところで、次席はそもそも佐賀市農協背任事件を、議員逮捕の入り口にするために強引に進めた。組合長さんを起訴した後、次席は僕を呼びつけると「B議員につながる次の事件は警察にやらせる。そのことは警察本部に指示しているから」と告げた。

それからほとんど日をおかずに警察本部の二課長が執務室に現れた。佐賀地検の三席として初めて手がけた贈収賄事件以来、少なくともこちらは良好な関係を保っていると思っていた人だ。

二課長は「次席から突然組合長とB議員をつなぐ事件をやれと言われましたが、どういうことなんでしょうか。私たちにもこちらの事件の捜査の予定があります」と慎重な言葉遣いながら、不満を述べた。

次席の言っていた「続きは警察にやらせる」という指示はなんの中身もない、ただの押し付けにすぎなかったのだ。

でたらめもここまで徹底的にやられると手の施しようがない。

僕は二課長に「私が上に言っておきますから、適当にやっておいてください」と言ってお茶を濁すしかなかった。

頭痛の種は増える一方だ。

その後、またも怒髪天を衝くような思いを味わった。

二〇〇〇年十一月に行われた捜索に関する証拠を見ていたときのことだ。

裁判官から令状をもらうためには、検事が「捜索差押許可状請求書」を作って、疎明資料（捜索が正当だと信じてもらうための一定の証拠）と一緒に裁判官に提出する必要がある。

この捜索差押許可状請求書を見て、我が目を疑った。

なんと、市川寛名義で作られていたのだ。

僕は捜索の前日に次席から主任に指名されたが、そのときは事件の中身も被疑者が誰なのかも、そしてどこを捜索するのかもまったく知らなかった。次席から「君の名前で捜索差押許可状請求書を出しておくから」などとは言われていない。

それなのに、請求書には活字で「市川寛」と印刷されており、ごていねいに僕の印鑑まで押されている。いつも執務室の机上に置いていたので、誰かが勝手に押したのだろう。請求書を提出した際に疎明資料として添付されていた検察官調書は次席がとったものだった。

次席が勝手に僕の名前を使って請求書を作り令状をとっていたのだ。そうとしか考えられない。

その場に立ち尽くしてしまった。

偽造だ。

この請求書は、次席が僕の名前を勝手に使って、僕が作ったように見せかけたものだ。しかも、本人があずかり知らないうちに裁判官にまで提出されていたのだ。

これは有印公文書偽造罪という刑法犯にあたるのではないか。法律上の問題を抜きにしても、次席が僕に無断で僕の名前で請求書を作ったことは、道義的に断じて許し難い。

からだ中の血液が逆流しそうなほどに激高した。

たまらず次席の直轄の事務官たちがいる部屋に押しかけ、「誰が俺の印鑑を押したんだ！」と叫んだ。

ところが、事務官たちはにやにやと笑い返すだけだった。

何を考えていたのだろう。笑いごとではすまないのだ。

強制捜査のスタートとなる捜索にあたって、偽造書類を裁判官に出して令状をもらってしまったとなると、その捜索は違法になってしまう。

捜索が違法とされれば、押収した証拠はすべて違法に押収されたものとされてしまうし、違法に押収した証拠に基づいての被疑者の逮捕もまた違法である。

つまり、佐賀市農協背任事件の捜査は何もかもが無効となってしまうのだ。

「あいつ、なんてことをしてくれたんだ」

これ以上ないほどの怒りをおぼえた。ところが、それ以上どうしていいのかわからない。問題はあまりにも大きすぎて、検事正に相談する勇気さえ起きなかった。次席に文句を言う気力も湧かなかった。

読者は「それはいくらなんでもおかしいだろう」と感じるだろう。

だが、絶え間ない混乱に陥っていた僕には、本当に何もする気力が湧かなかったのだ。

今だからこそこのときの気持ちを正直に言う。

何をする気力もなかった。今まで起きたこと、そしてこれから起きることを思うとただただ途方に暮れた。それだけだ。

偽造問題については、これからも容赦のない非難を浴び続けるだろう。「なぜ気づいたときに検事正に報告して違法な公判を止めなかったのか」と。

後に述べるが、僕は検事を辞するまでの間に次席の偽造問題のことを何度か上司や先輩たちに訴えた。しかし、上司たちは、検察庁は、何も応えてくれなかった。

その一方で、「お前が言っていることは間違いだ。口を慎め」と叱られた経験もなかった。検事たちはみんな黙っていた。

偽造を知った時点で何かしらの行動を起こしていたら、検察庁は僕の訴えに耳を傾けてくれたのだろうか。

結局、僕は次席が佐賀地検に在籍している間に冒頭陳述の案を作ることができなかった。

破滅に向かっての公判

二〇〇一年四月十六日。

佐賀市農協背任事件の第一回公判が佐賀地方裁判所で開かれた。

立会(りっかい)した検事は僕一人だった。

第一回期日では、起訴された組合長さん、金融部長さん、支所長さんの三人が一緒に審理された。金融部長さんは公訴事実を全面的に認めた。一方、組合長さんと支所長さんは公訴事実を否認した。

予想どおりだったが、僕は憂鬱(ゆううつ)になった。

「これでこの二人が無罪とされるのは時間の問題だな」と腹をくくった。

そもそも支所長さんについては現場の検察官や事務官たちが全員不起訴だと意見を述べていたし、組合長さんの「自白調書」も暴言とつぎはぎだらけの供述を材料に僕が作ったものだから、遠からず自白の任意性や信用性が争点になり、瓦解(がかい)することは初めからわかっていた。

なんのためにこれからの公判をやるのかと思うと、うんざりした。

第一回公判が終わると僕は転勤先の次席に電話をかけ、組合長と支所長が否認したと伝えた。

「なんだ、否認したのか。ばかな奴らだな」

最後に聞いた次席の言葉だ。この後、今日に至るまで彼とはまったく口をきいていないし、顔さえ合わせていない。

「ばかな奴はどっちだ」と苦々しく思ったが、当時の検事正の言葉を借りると「当庁にとって最も重要な公判」を投げ出すことはできない。「そんなに重要な公判なら、もっとまともな捜査をすべきだっただろう」といまさら文句を言ってもしようがない。どんな事情があったにせよ、起訴状に署名した検事は僕だったのだから。

組合長さんと支所長さんの公判はいずれも金融部長さんと分離され、都合三件の公判を進めることになった。

弁護人が多くの供述調書について不同意（その取調べを拒否すること）したため、毎回が証人尋問となった。

元来、公判でこそ燃えるタイプの検事だった僕だが、佐賀市農協背任事件の公判にはまるで身が入らなかった。そもそも起訴したくなかった事件の公判だ。やる気が出るはずがない。

だが、いきなり無罪論告をするわけにもいかなかったし、まして三長官報告が必要な公訴取消しをしようという発想もまるで湧かなかった。

破滅に向かっての公判のためにやる気など出るものか。

法廷では淡々と立証活動を遂行した。そうするよりほかに何もできなかったからだ。応援検事をはじめ検察官や事務官がとった調書は供述内容がばらばらで収拾がつかない。調書をとられた人たちはそれをはっきり覚えているはずだから、どんなくだらない調書でも隠しようがなかった。

こんなひどい証拠を見た弁護人はもちろん、裁判官からも軽蔑されるに違いないと思うと、穴があったら入りたい気持ちだった。

再び倒れる

組合長さんの公判では、立証の柱になる金融部長さんの証人尋問を最初に予定していた。

ところが証人テストをやってみると、記憶があいまいどころではなく、僕が「この点は○○だったんじゃないですか?」とむりやりにでも水を向けないと何も言えない始末だった。

なんのことはない、こちらの供述調書もいい加減な誘導尋問を基にとられたものだったのだ。

肩を落としたが、とにかく逃げ場がない公判だ。憂鬱な気分をどうにかこうにか引っ張り上げながら、証言を引き出すべく努力した。

いざ証人尋問に臨んでみると、金融部長さんは弁護人の鮮やかな反対尋問にあい、必死の思いで引き出した証言はみるみるうちに崩されてしまった。

僕なりに反対尋問を想定して行ったつもりだったが、「こんなばかばかしい公判なんかやってられるか」という思いがあり、前年十一月から延々と続いていた捜査のごたごたによるストレスにむしばまれていたからだろう、証人テストに不徹底な面があったのだと思う。

これほどあっけなく自分の証人が崩されたのは検事になって初めてだった。目の前で証言が見事に崩されていくさまが、かすみがかかった画面のように見えた。悪い夢でも見ているんじゃないかと思いつつ眺めていた。

普通の状態であれば、弁護人の反対尋問を牽制（けんせい）するために異議の申し立てをしただろうが、その気力がなかったどころか、検察官席に座っているのさえやっとだった。

頼みの綱の証言が崩されては、もう公判は維持できない。

法廷が終わった。僕は魂が抜けた亡霊のようだった。佐賀地裁から佐賀地検に帰る足取りさえおぼつかない。

頭の中は真っ白だった。ものを考える気力が失せている。

執務室に戻って事件記録を置くと、そのまま佐賀地検を抜け出して一人暮らしの官舎に逃げ込んだ。

へたり込んでしまった。どのくらいの時間をへたり込んだまま過ごしたのか、どの部屋だったのかまるで覚えていない。完全に思考停止していた。

「俺、なんのためにこんな公判やってるの？　起訴したくてしたんじゃないぞ。なんで一人でこんな公判やってるの？　なんで捜査した連中がみんないなくなってるの？　俺にこれからどうしろっていうの？」

前年の十一月から半年あまりが経っていたが、かろうじてつながっていたか細い気持ちの糸が、この日の証人尋問でぷっつりと切れてしまった。

泣きたかったが、涙すら出てこない。身も心も乾ききっていた。

この後のことで覚えているのは、何を思ったのか、修習生時代に高松地検で面倒を見てくれた指導担当検事に電話をかけたことだ。話すのは何年ぶりだっただろうか。

一部始終を説明して「俺、どうしたらいいんですかね」と泣きついた。

彼から言われたことはほとんど覚えていない。

一つだけはっきり覚えているのは、指導担当検事が次席のことを「その人は野心家だ」と評したことだ。次席の人となりを知っていたからそう言ったのかどうかはわからない。

野心家。やっぱりそうかと思った。

だが、いまさらそんなことを考えてもどうにもならない。

指導担当検事との電話を終えた後も呆然（ぼうぜん）としていた。

もう佐賀地検には一分一秒たりともいたくない。

「このままだと俺はこの官舎で首をつって死んでしまうだろう」と恐ろしくなった。

自殺衝動に駆られてしまったのだ。

「こんなところで死んでたまるか」

このままここにいたら、いつなんどき自殺を図ろうとするかわからないと本気で怖くなった。佐賀市農協背任事件から逃げるには死ぬしかないと思い込み始めていたのだ。

もはや正常なものの考え方ができなくなっていた。

恐ろしくなって、四月に赴任してきた次席に適当な嘘をつき、身の回りの物だけを持って実家に逃げ帰った。二〇〇一年六月のことだった。

大阪地検刑事部在籍時に、心を病んで二週間ほど仕事を休んだが、それ以来の事態だった。

大阪から逃げ帰ったときに診察してもらった医師に診てもらうと、またも自律神経失調症だと告げられた。「鬱状態がひどい。当分はこちらで静養しなさい。仕事のことを考えてはいけません」とのことだった。

大阪地検時代よりずっと重症だったのだ。

僕の弱さだと言われればそれまでだが、前年の十一月から七か月以上もの間、自分でコントロールできないことばかりに見舞われ、不本意な起訴を強いられ、組合長さんには暴言を吐いてしまい、さらには前次席に捜索差押許可状請求書を偽造され、ひとりぼっちで負け戦の後始末をやらされていたのだ。

同じような状況にあっても、心を病むかどうかは人それぞれだろう。

だが、これまでたくさんの疑問、不満、そして怒りを全部押し殺して主任を務めてきた。そんな僕が心を壊してしまったのは仕方がなかったのではないかと現在は思っている。

主治医の診断を受けた後、新次席に「医者から自律神経失調症だと言われました。当分休めとも言われました」と電話で報告し、その後一か月ほど仕事を休ませてもらった。一時的にせよこの忌まわしい事件から逃げることができて命拾いをしたと心の底から思っている。

自殺衝動には駆られたが、検事を辞めようとは思わなかった。一か月の休暇をとっていた間もその気持ちは変わらなかった。

嘘偽りなくその理由を述べると、僕は、このでたらめな捜査をいつか必ず、検察庁に知らしめてやると心に誓っていたからだ。もしここで検事を辞すなら、僕とともにこの非常識極まりない捜査が闇に葬られてしまう。それだけは絶対にさせないと固く決心していた。

検察庁は正義の実現を旗印にした組織だろう。果たして佐賀市農協背任事件の捜査にどのような正義があったのか？

「絶対に生き残り、いつの日か東京に攻め上り、必ずこの事件の実態を検察庁全体にぶちまけてやる」という一念でその後の検事生活を過ごした。

むろん、主任は僕だという事実に変わりはないし、組合長さんに暴言を吐き、上司から強いられたとはいえ、最後は自分の意思で組合長さんと支所長さんを起訴したのも僕だ。こんな人間が検事を務めていていいわけがない。いずれ辞めなければならぬことは十分にわかっていた。

そうでありながら、「辞める前になんとしても」と思ってずるずると検事を続けていたのだ。

読者はこんな僕を「往生際の悪い奴だ。そもそも言い訳ばかりしているじゃないか」と非難するだろう。それでも僕は、僕が経験した事実をまずは知ってもらいたいのだ。

その事実を知ってどのような審判を下すのかは、言うまでもなくすべて皆さんに委ねている。

復帰

二〇〇一年七月の終わりごろ、僕はようやく佐賀地検に復帰できた。

まっ先に新次席に自分が倒れた原因、つまり佐賀市農協背任事件の捜査の全容について報告した。

検察庁の上司に一連の事情を報告したのはこれが最初だ。

新次席は僕の話を信用して同情してくれたが、前次席の偽造問題については何も言及してはくれなかった。まるでこの話を聞かなかったかのような様子だった。

「この事件の捜査はおかしいですよ」と泣きそうになりながら訴えた僕に、「とにかく、この事件を有罪にするために最善を尽くせ。お前が公判で手を抜くと全部言い訳になる。やるべきことを全部やって、それで無罪になったら、俺が（福岡）高検に事情を説明してやるから」とアドバイスをした。

がっかりした。

一から十まででたらめなこの公判で「最善を尽くせ」と言われても、どうしたらいいのか。おかしいものをおかしいと言うことがなぜ言い訳として一刀両断されるのかもわからなかった。

話が前後するが、組合長さんが第一審で無罪になったとき、新次席は福岡高検に僕の話を伝えてくれなかったのではないかと思っている。無罪判決が出たとき、新次席はすでに転勤していた。

もし、新次席なりさらにその後任者が福岡高検に佐賀市農協背任事件の捜査の実態を知らせていたら、この事件の控訴はなかったと思う。

検事はその任地から出てしまえば知らんぷりを決め込むことができるのだ。

だが、起訴状にその名が残っている主任だけは永遠に「敗戦」の責任から逃れられない。

これが検察庁の掟なのだ。

公判はこのままずるずると続けるより仕方がなかった。

僕は復帰後も組合長さんと支所長さんの審理の法廷に立っていたが、実は復帰後の法廷についての記憶が、まったくと言っていいほどにない。

ところが、本当に公判の記憶が残っていないのだ。

鬱状態から脱していたから、正気を保って法廷に立っていたと断言できる。

それがなぜかはわからないが、「新次席からやれと言われたからやる」という機械のような心境で事務的に作業をしていただけだったからかもしれない。組合長さんと支所長さんには非礼この上ないが、「作業」とでも思わないと耐えられなかったのだ。

一つだけ、今でもはっきり覚えている場面がある。

支所長さんのある公判日のことだ。このころになると組合長さんも支所長さんも保釈されていた。

裁判官たちが法廷に入ってくる前、僕は一足早く法廷に入った。

検察官席につくと、背広を着て既に被告人席に座っていた支所長さんが会釈(えしゃく)をしてくれた。

身を切られる思いがした。

目の前にいるこの人を起訴したくなかった。僕だけではない、この捜査にたずさわったすべての検察官が不起訴だと進言したのだ。にもかかわらず、僕は起訴状に署名した。

支所長さんがにっくき検事に礼を尽くしてくれたことに涙が出そうになった。

僕が覚えている場面は、本当にこれだけしかない。

第六章　「暴言検事」の死

抜け殻検事

二〇〇一年十一月三十日付で、僕は横浜地方検察庁小田原支部に異動した。

十一月のある日、佐賀地検の検事正に呼び出された。ちなみに、この年の六月末ごろに検事正も新しい人に代わっていた。

新検事正は僕に「小田原支部が『公判をやる検事が足りない』と言っている。それで君に小田原に行ってもらいたいと思うんだが、どうかね」と告げた。

寝耳に水だったが、こういう話を断るのは検察庁ではご法度（はっと）だ。形だけは本人の意向を聞くが、これはすでに決定事項なのだ。

驚いたが、断る理由はないし、これでやっと佐賀市農協背任事件のみじめな公判から逃げられると思うと、むしろ渡りに船だった。

ただ、当時の小田原支部は横浜地検管内の支部の中でも川崎支部と肩を並べるほどに忙しくなっていると聞いていたので、病み上がりの僕に務まるのかが心配だった。

検事正はそんな不安を見抜いていたのだろう、「横浜の検事正には君が万全の健康状態でないことは伝えてある。君も（横浜の）検事正にあいさつに行ったときにきちんと説明すれば、無理はさせないはずだ」と続けた。ぽんこつ検事が一休みすべき任地とはとても思えなかったが、検事正がここまで言うからには、なんらかの配慮をしてもらえるのだろう。そう信じて小田原支部に転勤した。

ところで、検事は転勤するときに後任者に向けて手持ちの事件の概略を書いた引継書を作るのが礼儀だ。

僕は農協事件の引継書に「本職（検事は自身をこのように表現する）は、〇〇被告人（組合長さんのこと）の取調べの際、一度ではあるが『ぶっ殺すぞ』と怒号している」としっかり書いておいた。

小田原支部では、佐賀の検事正が言っていたとおり、病み上がりであることを十二分に配慮してくれた。

徳島地検と同じく主任立会制だったが、身柄事件の捜査は担当せず、在宅事件、それも不起訴が予想される事件を処分することと、後輩検事や副検事が抱えている問題のある公判を手伝うのが仕事だった。

支部長は「とにかく無理しなくていい。慣れてきて、ひまでひまでしょうがなくなったら、身柄もやってくれればそれでいいから」と言葉をかけてくれた。

　小田原支部の配慮はありがたいことこの上なかった。

　佐賀市農協背任事件で組合長さんに暴言を吐き、こまぎれの供述をつぎはぎしてでっちあげた「自白調書」を押しつけてからというもの、被疑者の取調べにはへきえきしていた。もう二度と割る、割らないでもめごとになる取調べはやりたくない。

　不起訴が予想される在宅事件の後始末は、そんな人間にうってつけだった。

　不起訴にするためには被害者に納得してもらう苦労があるが、被疑者を割る仕事に比べればずっと人間味がある。まかり間違っても被害者や参考人に暴言を吐く事態に至るわけがない。

　順調に在宅事件を不起訴にしていった。大阪地検刑事部時代に不起訴事件ばかりを担当していたときと同じだった。

　僕は小田原支部のヒラ検事の筆頭で、着任したときは後輩検事が三人いたが、彼らの球拾いを務めるのはちっとも恥ずかしくなかった。

　佐賀で倒れて実家で静養したとき、主治医から「今後当分の間は仕事で無理をしてはいけません。残業もしないように」と強く言われていた。そのため、毎日定刻の午後五時きっかりに帰宅したのだが、心理的には大きな負担となった。二年生の新任明けをはじめ、後輩たちはみんな夜遅くまで残って仕事をしているのに、筆頭検事がさっさと帰ることにはさすがに罪の意識を感じた。

だが、ここで粋がって残業してまた身体を壊しては、それこそこの支部に迷惑をかけてしまう。

支部長以外の検事たちは僕が佐賀で自律神経失調症で倒れたことを知らなかったようだが、それも辛かった。

後輩から「市川さんはなんだ。期が一番上なのに身柄もやらないで帰ってる。支部長からひいきされてるじゃないか」と不満を抱かれたら面倒だなと思っていた。

しかし、これが小田原支部での僕の守備範囲なのだから、ひたすらそれを守るしかない。

一方、後輩たちの公判を手伝うときは意気揚々としていた。

二年生が苦労している公判など、このころの僕にとっては難なく対処できるものだった。

むろん、公判をやり抜くには証人や警察の協力が不可欠だから、検事一人で全ての問題を解決できるわけではない。

それでも僕は後輩よりは証人や警察を説得する術を学んでいる。事件記録に目を通すと、即座に足りないところを書き出し、後輩に指示して立証計画を立て直させ、公判を進めてゆく。

病み上がりの部下を元気づけるためだったのかもしれないが、支部長は「市川は小田原支部の公判部長だな」とほめてくれた。こうした何気ない一言が、心の支えになっていた。

小田原支部在籍時の僕は、一口で言うと「抜け殻」だった。前任地の過酷なストレスと挫折感、屈辱感で、検事を続けていこうという目標を失っていた。惰性で検事をやっていたようなものだ。

そもそも僕は佐賀地検での大罪の責任をとって、すみやかに検事を辞めなければならない立場だ。

しかし、すでに書いたように「ここで辞めたら、でたらめな捜査を検察庁の幹部に理解してもらうチャンスが永遠に失われる」と思って、半ば意地だけで仕事を続けていた。

身柄事件もやらず、五時にさっさと帰る抜け殻検事にとって、公判で獅子奮迅の働きをすることだけが小田原支部への恩返しとなった。

結局、この後に述べる佐賀地裁での証人尋問のストレスなどで、体調を完全に戻すことはできなかった。

それでも僕は、後輩検事や副検事が手に負えなくなった公判にいわば救援投手として緊急登板し、最後まで投げ切って勝利投手やセーブ投手になり続けた。

十二年九か月にわたる検事生活の間、新任の横浜地検は別として、どの検察庁でも無罪判決を受けたり、見聞きしたりしてきたが、小田原支部にいた四年あまり、それはまったくなかった。

支部長からも「検事正には『うちには市川がいるので問題のある公判は全部大丈夫です』と言ってある」と発憤の材料となる言葉をかけてもらっていた。

公判検事としてはまあまあ役には立っていたと思っている。僕のキャリアに見合った貢献度ではなかったかもしれないが。

おかしいと思ったことは、支部長にも臆せず言うようにしていた。

なにしろ佐賀地検ではおかしいと思ったことを言えず、我慢に我慢を重ねたばかりに冤罪（えんざい）を生み出し、自身の健康を失ったのだ。身をけずってまでする我慢は、ばかげていると確信していた。

たとえば後輩検事や副検事が手に負えなくなった公判を僕が手伝うことになると、

まず記録、さらに「否認事件報告書」に目を通す。これは、庁によるが、公判で被告人が事実を否認した事件について、期日ごとにどんな立証活動を行ったのか、弁護人の反証活動がどんなものだったのかを報告するとともに、その時点での公判の状況を公判部長、次席、検事正に知らせる文書だ。

横浜地検の「否認事件報告書」には、現在の公判状況を知らせる欄として「順調」「問題あり」「苦慮」の三つがあった。

僕が後輩検事たちの事件を引き取って一番頭にきたのは、本当はやっかいな事態が起きているにもかかわらず、前任者たちがそろいもそろって「順調」と報告していた点だった。

まともな検察官なら「問題あり」と報告しなければならないとわかっているはずだ。それができないのは、結局、検察庁の体質に由来している。

「問題あり」と報告すると、支部の場合、本庁の公判部長から支部長に「どうなってるんだ」とおとがめの電話がかかってくるのだ。支部長は当然、いい気持ちがしない。

支部長は主任に「どうなってるんだ」とおとがめをリレーする。最後に嫌な思いをするのは主任だ。「こう対処するといい」という教育的な要素があるのなら問題はないが、おおむね単なる責任追及に終始するから、たまったものではない。責任を追及している上司も、さらなる上司から責任追及されるのが嫌だから下をとがめるのだ。こんな調子だから、結局は現場の検事たちが「触らぬ神にたたりなし」とばかりに問題のある公判をそうでないかのように表現するようになってしまうのだ。

無罪判決についての考えを書いた項でも触れたが、検察庁が抱えている大きな問題の一つだと思う。

検事も間違いは犯す。だが、それをすぐに正直に報告して、上司と一緒に知恵を出し合えばいい結果につながるケースは山ほどある。それなのに「問題が起きました」と報告しただけで上司からとがめられるから、その苦痛から逃れたい一心で問題を隠してしまう。もはや手の施しようのないところまで問題が大きくならないと、事態は動かない。

現場が上司に問題を素直に報告できる組織に変わらなければ、これからも取り返しのつかない大問題が起き続けるだろう。

脱線したが、僕は「順調」とばかり記されていた否認事件報告書につき、全部「問題あり」と直して提出した。

そもそも問題があるから、ヒラ検事筆頭の僕が助太刀しているのだ。

このころの僕には公判部長にだろうが誰にだろうが、「どうなってるんだ」と責められても「こうなってますよ！」と言い返す、ずうずうしさが身についてきていた。

佐賀地検で犯した大罪が僕を変えつつあったのだ。

公判部長が支部長に「どうなってるんだ」とクレームを入れてきたらしい。「今までで『順調』だった事件がどうしてこんなにたくさん『問題あり』に変わったんだ」ととがめたようだ。

つくづく不健全な組織だと思う。

今まで隠されていた問題を正直に報告する作業自体が問題視されるから、いつまで経(た)っても現場は萎縮(いしゅく)したままなのだ。

僕は、「問題あり」と報告するからには、どういう問題が起きているのかも併せて報告した。当然のことだ。

事件によっては「この点は捜査段階での証拠の検討が不十分だったと思われる」などと付記した。実際にそういう事件であれば、そう報告するのが検事の仕事だ。

「『問題あり』まではいいんだが、『捜査段階での検討不十分』ってところは表現を変えてくれんか」とわざわざ僕の部屋に来た支部長に頼まれたこともあった。非難するつもりで報告書を書いたのではないが、支部長にしてみれば、決裁をした自分が上司からとがめられるのはたまらないだろう。「上から下への責任追及のリレー」という検察庁が持つ病理のなせるわざだ。

支部長が僕の健康を気遣ってくれているのは痛いほど感じていたから、表現を変えるしかなかった。

ただし「問題あり」を「順調」と直すことは頑として拒んだ。僕は支部長に「ダメなものはダメですから」と言い返した。

こんな具合だったから、僕の着任と同時に小田原支部での「問題あり」公判が増えていった。増えたというより、嘘の報告をされていたものが正しい報告に改まっただけだ。

それまで嘘をついていた検事たちの気持ちもわかるし、あからさまに本当の報告をされたときの支部長の気持ちも理解できたから、なんとも言えない複雑な思いを抱きつつ公判をやっていた。

ちなみに、たとえば懲役刑を求刑する予定の事件がダメだとわかると、僕は法律上懲役より軽い罰金を求刑した。

つぶすべき事件はきちんとつぶしたつもりだ。

検察庁は、現場が上に「ダメなものはダメです」と正直に言える組織に変わらなければ、遠からず組織全体が再起不能に陥るような災厄に見舞われるだろう。

僕は小田原支部では支部長の立場をおもんぱかってもなお「ダメなものはダメです」と言う検事に変貌（へんぼう）したが、変わり者だったという理由からではない。

これだけは自信を持って言えるが、検事生活の最晩年を過ごした小田原支部でやっと「普通の検事」になれたのだ。

それまでは当たり前の意見を言うことができない弱虫だった。

佐賀地検で大罪を犯し、健康を失った。我が身を切り刻んだことでようやく目が覚めたのだ。

証人出廷

小田原支部での新たな任務で息を吹き返しつつあったが、佐賀市農協背任事件の公判の様子が気にならないはずがない。

あんなみじめな公判を引き継いだ後任検事が気の毒でならなかったし、僕が組合長さんの「自白調書」の任意性に関する証人として佐賀地裁に呼ばれるのも時間の問題だとわかっていたからだ。

とうとう佐賀地裁からの召喚状が届いた。二〇〇二年十月二十四日に佐賀地裁で証言するようにとの求めだ。

「来るべきものが来たか」という思いで少し緊張した。そもそも自分が証人となるのはこれが初めてだった。

法廷では自分の記憶のとおりに証言するつもりでいた。証人は嘘をついてはならないのだから当然のことだ。

これでいよいよ僕は検事を辞めなければならない。

辞職は前々から覚悟していたが、果たして法廷ででたらめな捜査にまで言及できるだろうか。

後任検事に「証人である以上、質問されれば知っていることは答える」と連絡して、弁護人が反対尋問で捜査の様子を質問すれば、真実はなんでも証言すると予告していた。

その一方で、「真実ではあっても、あそこまででたらめなできごとを、聞いた人が信用してくれるだろうか」と心配した。

佐賀市農協背任事件の主任であったからには事件に対する責任は負う。ただ、心中からは「背負える責任と背負えない責任がある」という思いがどうしても消えなかった。同時に、もしこの思いを口にすれば、どんなに言葉を尽くそうとも「あいつは責任逃れをしている」となじられるだろうことも簡単に予想できる。

責任の全てを負うか、全く負わないか、そのどちらかしか選択肢がないのだ。

検察庁だけでなく、世間とはそういうものだろう。

僕は大罪を犯した。

だが、徳島地検で初めて取り調べた殺人犯と同じように、大罪を犯した人間にもそれなりの言い分がある。ところが、その言い分を口にしたとたん「すべての罪から逃れようとしている」と受け取られてしまうのだ。

このような風潮を作り出したのは、僕が属していた検察庁に他ならないと思う。

被告人が何かしら言い訳をすると、愚かな検事は「被告人は身勝手な弁解をしており、真摯（しんし）な反省の情がない」と論告して徹底的に責めてきた。「泥棒にも三分の理」というが、検察庁はその三分の理すら許さない組織なのだ。

そんな組織にいたがゆえに、自らが「三分の理」を口にできない立場になってしまった。すべては自業自得（じごうじとく）だ。

俺は主任だから全て責任を負うのはしょうがない。結局この一言で自分を納得させるしかなかった。

弁護人から質問されれば証言するつもりではいたが、聞かれもしないのに事件の捜査について訴えるつもりはなかった。

偽証を勧める検事たち

召喚状が届いた後、僕はたまたま横浜地検刑事部時代に面倒を見てくれた指導担当検事がいる検察庁に出張した。彼はその検察庁の幹部になっていた。顔を合わせたのは横浜地検を巣立って以来ではなかっただろうか。

用事をすませた後、指導担当検事らと杯を交わし、さらに自宅に泊めてもらった。この夜、事件について相談した。捜査の全容だけでなく、間もなく佐賀地裁で証言することも話した。

指導担当検事は次席の捜査について「何やってんだ、そいつ」と吐き捨てるように論評した。この一言だけで救われた。

だが、組合長さんに暴言を吐いたことを証言するつもりだと言うと、「そんなことを言っちゃいけない。そんなことをしたら君の検事生命が終わってしまう。絶対にダメだ」と強く諭された。

要するに、偽証しろと言うのだ。

困ってしまった。組合長さんに暴言を吐いたのは真実なのだ。それを隠して職業人として生きながらえてなんになるというのだろうか。その場では「はあ」と生返事をして聞き流したが、検事に偽証という負担まで平気で課す検察庁の体質にはますます嫌気がさしてきた。

偽証を勧めてきたのは先輩検事だけではない。

小田原支部にいた後輩検事たちも、「市川さん、そんなこと証言しちゃダメですよ。そうしたら市川さん一人だけが切られておしまいですよ」と真剣な表情で反対した。正直なところ、「僕一人だけが切られる」と聞いたときはゾッとした。

辞職はもともと覚悟していたが、それで佐賀市農協背任事件がすべて片づけられてしまっては、抜け殻となりながらもここまでがんばってきた意味がなくなってしまう。後輩たちの助言は僕を不安にさせた。

そこで後任検事に電話をかけて「私が暴言について証言したら、検察庁は私を辞めさせて終わりにするつもりなのですか。これはそんな事件じゃないんですよ」と言った。

「暴言の件は(福岡)高検にも話を通してある。市川検事が辞めるようなことにはならない」という答えが返ってきた。

後任検事が僕の去就に責任を持てるはずはないが、僕はこれで不安を抑えた。「高検に話を通してある」という言葉の意味は今もってわからないのではあるが。

二年生や三年生ですら「取調べでの真実を証言したらその検事一人だけが検察庁から切られる」と見通していたこともまた、検察庁がどういう組織かを如実(にょじつ)に物語っている。僕がいつの間にか「無罪はいけない」と思い込んでいたように、後輩たちもまたいつの間にか「法廷で取調べの真実を証言してはいけない」と叩(たた)き込まれていたのだ。実際に僕はその後「切られた」わけだから、後輩たちの予想は見事にあたっていた。


指導担当検事や後輩検事たちが気遣って助言してくれたこと自体はありがたい。

しかし、その助言は僕に法廷で偽証しろというものだった。

検事は、毎日被疑者や参考人の嘘を正す仕事をしているはずだ。そんな検事が、こともあろうに法廷で嘘をつく？　冗談じゃない。そんなことをして検事としての寿命をまっとうできたとしても、墓場に入るときにはろくな目に遭わない。

「俺はどうにもならないばかか検事だが、法廷で平気で嘘をつくほど腐ってはいない。もともと辞めなければならない検事だ。嘘なんかつくものか！」

先輩、後輩たちの助言を無視して、覚えていることはなんでも証言しようと決めた。大罪を犯した僕のささやかな償いであり、僕の検事としての最低限の矜持(きょうじ)だった。

「暴言検事」の衝撃

二〇〇二年十月二十四日。

佐賀地方裁判所に証人として赴いた。

法廷が始まる前、僕は久しぶりに佐賀地検の三席検事室に入り、後任検事と一緒に出番を待っていた。

佐賀市農協背任事件の事件記録（検事が法廷に証拠として提出しなかったもの）をめくった。

あった、あった。

当時の次席が偽造した捜索差押許可状請求書がまだ残っている。

この請求書をコピーして持ち帰ろうかと迷った。

この後組合長さんに対する暴言を証言するからには、遠からず辞職することになるだろう。検察庁から追放されても、請求書のコピーを持っていれば、いつの日かこの事件の不当な捜査について世間に訴えることができるだろうと思ったのだ。

だが、実際にはコピーしなかった。

もはや、そのような問題ではないと考え直したのだ。

自分のあずかり知らないところで起きたことだろうが、主任がその責任を負うのが検察庁の掟だ。それに、こんなコピーを手に入れてしまったら、怒りのあまり、これからの証言で何を口走ってしまうかわからない。

その後久しぶりに佐賀地裁の法廷に入ったが、証言台から見た法廷の光景はそれまで見慣れたものとはまったく違っていた。

目の前の法壇に座っている三人の裁判官たちは、検事として斜め横から見ていたときより、ずっと威圧感があった。

「裁判官の目の前で嘘なんかつけるわけがない」とあらためて思った。

証人は、証言をする前に必ず「良心にしたがって真実を述べます」という旨の宣誓を行うが、実際に宣誓するとますます「嘘はつけないな」という思いが強くなった。

同時に「本当のことを言うんだから別になんでもねぇや」という楽な気持ちにもなった。

後任検事が淡々と質問を始めた。

僕は覚えている限りの組合長さんの取調べの様子を証言した。目の前の裁判官たちは表情一つ変えずに僕の話を聞いていた。

そして問題の場面についての質問がきた。「組合長さんから無責任な言葉を聞いた」と証言すると、後任検事は「それであなたはどうしたのですか」と返してきた。ためらうことなく「腹が立ったので、『ふざけんなこの野郎、ぶっ殺すぞ、お前』と言いました」と証言した。この日の傍聴席は検事が証言するとあってか満席だったのだが、背後でざわめきが起きた。

僕は裁判官たちを見すえて証言したが、彼らはまったく表情を変えなかった。

その後も覚えている限りに取調べの様子を証言し、主尋問（検事の尋問）は終わった。弁護人の求めにより、反対尋問は次回期日となった。


すでに書いたとおり、僕の証言した取調べの様子は、僕より先に証言をした組合長さんの話とは食い違っていた。

証言を聞いていた組合長さんは、きっとはらわたが煮えくり返っていただろう。もし僕が彼の立場だったら、その場で目の前の「暴言」いや「拷問（ごうもん）」検事に飛びかかっていたかもしれない。

組合長さんが話した事実を記憶していなかったからどうしようもなかったのだが、市川が法廷に出てまで大嘘をついたと感じたはずで、公判でも苦痛を与えてしまったことになる。

これもまた僕の犯した大罪だ。

組合長さんにさらなる苦痛を味わわせてしまったことについても、心から申し訳なく思っている。


日帰りで佐賀から小田原に戻った。翌日小田原支部に出勤すると大騒ぎになっていた。佐賀地検からファクスで送られてきた九州の新聞には「『ぶっ殺すぞ』取り調べ中検事が暴言」といった見出しが躍っている。

九州から東京までのマスコミ各社からの問い合わせ電話が、朝からたくさんかかってきたり、記者が押しかけてきたりの騒動が起きた。

後任検事から「証言の後はマスコミが多少騒ぐと思う」と説明を受けていたが、これほどまでとは思わなかった。

念のために言い添えておくが、暴言が大したことではなかったと思っていたから驚

はない。検事が正直に証言することがこんなに騒ぎを巻き起こすのかと驚い
動を経験して、指導担当検事や後輩検事たちが偽証を勧めたわけがわかった。
助言にしたがって偽証しておけば、公判はなんの問題もなく進んでいったのだろう。

組合長さんは法廷で僕の取調べについて詳しく証言していたものの、もし僕が「そんなことはまったくありませんでした」と証言していたらどうなっていただろう。

組合長さんを取り調べていた部屋の隣で、応援検事の取調べを受けていた組合員さんが、弁護人側の証人として出廷し、「市川検事が怒鳴っている声がいつも聞こえた」と証言していたので、たとえ偽証しても組合長さんの「自白調書」は却下されていたかもしれない。

経験を踏まえて言うと、検事が怒鳴ったくらいでは自白の任意性までは否定されない。僕が発した「ぶっ殺すぞ」という言葉は明らかな脅し文句だ。このような脅迫があったと裁判所が認めなければ、任意性は否定されないのだ。
だから、僕が自ら暴言を証言したことは「自白調書」の任意性を否定するそれなりの材料になったと思っている。

けっして組合長さんや弁護人に恩を売ろうとして言っているのではない。証人が記

憶のとおりに証言するのは当然だ。なんの自慢にもならない。自分が偽証していたら、当時の刑事裁判の実情に照らせば、「自白調書」が採用されていた可能性が高いと述べたいのだ。「自白調書」が採用されてしまったら、組合長さんが有罪になってしまう危険が一気に高まる。

そんなひどいことは絶対にできなかった。

そもそも不本意ながら起訴したのだ。その上で偽証したならば、僕が冤罪に向けてのダメ押しをすることになる。弱虫で愚かではあったが、それでも検事は検事だ。冤罪作りにこれ以上加担するわけにはいかなかった。

もし僕がおかしな誘惑に負けて当たり前の証言すらできなかったら、本物の冤罪（有罪判決）を導いていたかもしれないと思うと、証言をしてよかったと思っている。

十一月七日に弁護人の反対尋問を受けた。

ありとあらゆる意地悪な質問がぶつけられたが、正直なところ、痛くもかゆくもなかった。

弁護人を侮辱する意味ではなく、すでに主尋問で記憶のとおりに証言していたから、何もやましいところがなかったという意味だ。

実は弁護人の反対尋問のことはあまり覚えていない。

しかし、弁護人の後に組合長さん自らが僕に反対尋問をしたのは覚えている。

彼は僕に「私は役者じゃないんです。あなたは私に何度も何度も『ぶち殺すぞ！』と言ったでしょう」と、法廷に響き渡る大声で僕の「暴言」を再現しながら迫った。

弁護人席の机をがつん、がつんと叩きながら僕の「拷問」を再現した。

僕はそのたびに「そんなことはしておりません」と答えた。

記憶がなかったからだ。

組合長さんは、僕が自己弁護を図っていると思っただろう。

近時、大いに議論されている取調べの全面可視化は、被疑者・参考人が「拷問」に遭わないようにするためとされているが、検事が「ひょっとしたら、俺が覚えていないだけじゃないのか？」と悩んだり後悔したりしないためにも、必要なのではないだろうか。

反対尋問が終わった後、裁判長から「被告人が自白した後、あなたは実際には取調べをしないでパソコンで調書を作っていたのですね」と尋ねられた。「はい」と答えたとき、「ああ、これはダメだな」とわかった。

裁判長は作文調書だととっくにお見通しだったのだ。

案の定、十二月十三日に「自白調書」は任意性に疑いがあるとして裁判所から却下された。

無罪判決と突撃取材

ある日、出勤しようと官舎を出ると、突然テレビカメラマンと記者らしき二人が近寄ってきた。記者らしき人は僕に駆け寄るなり「佐賀市農協背任事件での取調べについてお話をおうかがいしたいのですが」と言いながらマイクを突き出した。

突然のことに面食らいつつも、「そういうことにはお答えできません」とだけ言うと、記者らしき人を完全に無視して歩いた。

カメラマンは僕の前に回って僕を正面から撮影している。横についてきた記者らしき人がしばらくの間あれこれと質問していたが、僕がうんともすんとも言わないのであきらめたのか、やがてついてくるのをやめた。

僕が受けた初めての突撃取材だった。

その後間もなく、日本テレビ系列の「きょうの出来事」という番組で佐賀市農協背任事件についての特集が放送された。僕もこの番組を見た。

僕が組合長さんを取り調べた様子を組合長さんが語ったり、僕の佐賀地裁での証言をナレーターが読んだりといった内容だった。顔写真も画面に大映しになった。突撃取材を受けたときの場面もほんの少しだけ流れた。

全国ネットでこの事件が取り上げられたのには驚いた。

放送後、たまたま横浜地検本庁での会議に出向く機会があり、懇親会にも出席した。

番組を見た先輩や後輩たちが話しかけてきた。

特別刑事部（特捜部のない大規模庁に置かれている独自捜査などを行う部）にいた後輩検事がこう言った。

「市川さん、災難でしたね。あの程度のことなんか誰だってやってるのに、番組ではひどい扱いでしたね」

要するに、被疑者を「ぶっ殺すぞ」と脅すくらいは、検事なら誰でもやっているという意味だ。なぐさめようとして言ってくれたのだろうが、気分は晴れなかった。

「そんなことを言われても嬉しくもなんともないよ」

そう返したかったが、証言も終わったし、できることなら事件を思い出したくなかったので、後輩の言葉を聞き流した。

二〇〇四年一月二十九日。

佐賀地方裁判所で組合長さんに対する無罪判決が言い渡された。

判決は午前中に言い渡されたようで、後任検事から小田原支部長に電話が入り、僕は支部長からその報を聞いた。

このときの気持ちを正直に言う。

よかった。

主任だったが、悔しいとも悲しいとも思わなかった。

そして「やっと終わった」とほっとした。

「いよいよでたらめな捜査を福岡高検に知らしめてやるときが来た。俺はこの日を待っていたんだ」と思った。

この日の昼すぎに外に出ると、またもカメラマンと記者らしき人が近寄ってきた。おそらく近くで張り込んでいたのだろう。

例によって記者らしき人が僕の横に張りついてマイクを突き出し「今日、〇〇さんに対する無罪判決が出ましたが、どう思いますか」と質問してきた。

僕は「そういうことにはお答えできません」とだけ言うと、前回と同様に終始無言で歩き続けた。カメラマンが僕の前に回り込んで撮影し、記者らしき人があれこれと横から質問してきた。

「声を発したら適当な編集をされて恣意的に映像を作られてしまう」とわかっていたので、何を言われようが声も出さずに歩き続けた。

このときもしばらくすると二人は僕を追いかけるのをやめた。

これも「きょうの出来事」の取材で、後日この場面が放送されたようだ。うんざりしていたので二回目の番組は見なかった。

仰天の控訴

独自捜査事件が完全無罪になったからには、佐賀地検は上を下への大騒ぎになっているだろう。福岡高検も同様で、おそらく佐賀地検の次席に「どうなってるんだ」と叱責めいた問い合わせをしているだろうと思った。

独自捜査事件が無罪になっては、検察庁の沽券にかかわるのだ。

おそらく控訴審議は地検だけでなく高検でも開かれるだろうと予想したので、これでようやくこの事件の捜査がどんなものだったかを高検の幹部にも理解してもらえると考えた。

　できることなら高検に乗り込んで一部始終をぶちまけてやりたいくらいだった。主任として責任を問われるのは百も承知だったが、次席と検事正、とくに次席の責任までを射程に入れてもらいたかった。

　同事件の捜査の異常さを高検に把握してもらわないうちは、辞めるに辞められない。

　ところが、たまたま佐賀地検にいた知り合いの検事に様子を聞いてみると、控訴の準備をしているという。

　ばかの集まりか、佐賀地検と福岡高検は。僕は頭を抱えた。

　無罪判決が出たからには、検察庁としては、裁判所に提出した証拠だけでなく、提出しなかった証拠を含めて総点検するのが道理だ。

　たった一日でとられた理事たちの「ばらばら調書」や応援検事たちがとった意味のわからない調書、そして僕がでっちあげた「自白調書」。こうした調書を読めば、「控訴などできるわけがない」とわかるはずだ。

　ところが佐賀地検の知人が言うには、新しい次席検事が主任に代わって猛然と補充捜査をやっているという。

「いったいどの要素を補充したらあばら屋同然の事件が控訴できるんだ?」と心の底

から不思議でならなかった。柱が腐りきっているのにいくら壁を塗っても家は蘇らないのだ。

控訴したらさらにみっともない事態を招くぞ。恥の上塗りになるぞ。僕は佐賀地検と福岡高検に抗議の電話をかけたかった。

これがまさにメンツのなせるわざなのだ。

独自捜査事件が無罪になることは検察庁としては断じて受け入れがたいのだ。

ぶざまに過ぎる無罪判決がちらほら出てから少し様子が変わったが、かつては特捜部が起訴した事件が無罪になると、検察庁は怒り狂ったように控訴していた。

控訴するからには高等裁判所で絶対に逆転有罪判決がとれるという確信がなければならない。文字どおりの「絶対」が求められるはずで、独自捜査事件となればなおさらだ。

いくらなんでも佐賀市農協背任事件を控訴するのは無謀の上にも無謀だとあきれてしまった。高等裁判所の裁判官にまで「こんな捜査でこの事件を起訴した市川という検事はおかしいんじゃないのか」と軽蔑(けいべつ)されるのかと思うと、やり切れなかった。

控訴を確認したとき、僕は「余計なことをしやがって」と怒りにうち震えた。

思ったとおり、控訴審ではさらに捜査のほころびがあらわになった。

参考人二名の生年月日が同一になっている調書があったとか、組合長さんが金融部長さんと共謀したと検察が主張した日のアリバイ証拠を検察庁が隠していたりとか、吐き気がするような事実がつぎつぎに明らかになった。

検事にあるまじきことだが、僕は、アリバイについてはまったく捜査をしていなかった。そもそも佐賀地検にアリバイについての証拠があったことすら知らなかった。公判に出ていた間も、アリバイは争点になっていなかった。

アリバイについては、遅くとも控訴をする時点で、佐賀地検が「アリバイつぶし」捜査をしたそうだ。

そんな行き届いた発想は、事件についての全情報を握り冷静に司令塔を務める「本当の主任検事」でないと浮かばない。

あえて言えば、当時の次席が思いをめぐらせなければならないことだったと思う。あるいは決裁の段階で検事正が指摘すべき事項だったはずだ。

そうは言っても、控訴審で明らかになった数々のお粗末な捜査結果も含め主任の僕の責任だ。そして、実際にこうした意味合いの報道が続いた。

二〇〇五年九月十三日。

福岡高裁で検察官の控訴が棄却され、組合長さんはまたも無罪となった。福岡高検は上告を断念、無罪判決が確定した。

ちなみに、支所長さんは第一審の佐賀地裁では有罪とされたが、控訴審の福岡高裁で逆転無罪判決となり、福岡高検はこれまた上告を断念し、無罪判決が確定した。

みじめな上にもみじめな惨敗(ざんぱい)だった。

主任の僕が最初から予期していた結末でもあった。

切　腹

十一月二十四日。

横浜地検の検事正から呼び出された。

支部のヒラ検事が検事正から呼び出されるというのはよほどの事態だ。

小田原支部ではこれといった失敗はしていないつもりだったので、検事正の命を支部長から伝達されたとき「ついに来たか」と思った。

検事正室に入ると、検事正はソファに座りながら「君も座りなさい」と声をかけてきた。ちょっとした長さの話になるということだ。

検事正はまずこう切り出した。

「君の佐賀での取調べのことが、最高検と法務省で問題になっている」

「やれやれ。とうとうそこまでの騒ぎになってしまったのか」と落ち込んだ。

さらにこう続けた。

「最高検も法務省も困っている。君なら検察庁全体のことを考えることができるだろう」

含みのある言葉だったが、言わんとするところをすぐに理解した。

「辞職しろ」と命じているのだ。

もはやこれまでだ。

僕が大罪を犯した後も見苦しくも辞めずにいたのは、検察庁の幹部に佐賀市農協背任事件の捜査の実態を知ってもらいたいとの一念からだった。

だが、最高検や法務省から辞職の指令が下りてきたとなれば抵抗はできない。

検事正に「わかりました。辞めます」と即答した。自分でちょっと驚いたくらいにはっきりとした声が出た。

それまで眉間（みけん）にしわをよせ重苦しい表情をしていた検事正は、問題児があっけなく辞めると答えて拍子抜けしたのか、あるいはほっとしたのか、穏やかな表情になった。

検事正にしてみれば、四年も前の佐賀地検での取調べをとがめて「辞めろ」と命じる役割を負わされたのは気が重かっただろうと思う。もし市川が辞職を拒んだとしても、是が非でも辞職させるよう、最高検なり法務省から命じられていたはずだ。

検事正は「僕としては残念に思っている」と付言してくれた。

「いえ、しょうがないです。私がやってはならない取調べをしたことには間違いありませんから」と答えた。

続けて「私は辞職しますが、最後の話として、あの事件について少々申し上げてもよろしいでしょうか」と迫った。

もはや、どの検事にもあの事件の捜査について訴える機会はないのだ。僕は多忙な高官への非礼を承知で、これが最後の機会とばかりに詰め寄った。

検事正は穏やかな表情を崩さず「なんでも言っていいよ」と応じてくれた。

そこで僕は本書に書きつづってきた一部始終を一気にぶちまけた。叱(しか)られようが怒鳴られようが、辞めるからには何をされてもかまわなかった。

ところが、一時間ほどまくしたてていた間、検事正は話をさえぎるどころか、じっと僕の顔を見ながら聞いてくれた。

最後に「私が辞めるのは当然だとずっと思っていました。ですが、私だけがこの事件の全ての責任を負わないといけないんですか？」と訴えた。

「お前の言うことは言い訳だ」と叱られるだろうと覚悟しての発言だ。

ところが、検事正は目に涙をためてこう告げた。

「君の言うことはよくわかった。こうしよう。今、君が僕に話したことを書面にしなさい。書きたいように書けばいい。君が書いたら僕がその書面を最高検に持って行くから」

僕は驚いた。

検事正は僕の言ったことを多少なりとも信用してくれたのだろうと感じた。そして
「わかりました。すぐに書きます」と答えた。

検事正は立ち上がると「辞職はいつにするかね。年度末（翌年三月末）まで（検察庁に）いるかね」と言った。

「いいえ、今年いっぱいで辞めさせてください。気持ちが切れてしまったからには、それ以上いてもかえって検察庁に迷惑になります」と答えた。

検事正は「わかった。では最高検と法務省にはそのように伝えておくから」と言った。さらに「君の処分は厳重注意になると思う。僕からの厳重注意だ」と加えた。

この言葉の意味がよくわからなかったが、違法な取調べをして辞職するからには当

然何かしらの処分は受けるだろうと思った。

これで僕が十二月二十八日の御用納めの日に辞職することが決まった。

あっけない幕切れだったが、たった一つの希望があった。

佐賀市農協背任事件の捜査の実態を書面として残す機会をもらったのだ。心の底から検事正の決断に感謝した。

その後の一週間は、仕事の合間にせっせと書面を書いた。

四年経っていたとはいえ、農協事件について思い出してその詳細を記述するのはとても辛かった。

これが僕が検事として書いた最後の書面になった。

十二月一日。

書面を書き上げた僕は、午前中に横浜地検に出向き、検事正室を訪れた。

書面を手渡すと、検事正は「君も大変だっただろうと思う。まだこう言うのは早いが、これからもがんばってくれ。君は強くなっていると思うよ」と言葉をかけてくれた。そして「君が辞職することは、（横浜地検の）次席と（小田原）支部長には伝えるが、（横浜地検の）ほかの部長や検事には言わないようにする。辞職の理由は『一身上の都合』でいいね？」と語りかけた。

僕は「ありがとうございます。そのようにしてください。本当にお世話になりました」と言いながら深々とお辞儀をした。

小田原支部に戻ると、夕方に支部長から呼び出された。

検事正から年内いっぱいで辞職すると聞いたのだろう、「突然のことで驚いている。君が辞めるのは本当に、本当に残念だ」と言葉をかけてくれた。

さらに「検事正から君への伝言を預かっているんだ。『書面は検事総長、次長検事、最高検総務部長、東京高検検事長、法務省人事課長に持って行ったと伝えてくれ』とのことだ」と告げた。

書面を渡したのはこの日の午前中だ。検事正は僕から書面を受け取った後すぐに東京に行って、検察庁の最高幹部たちに書面を見せたか、あるいはコピーを渡してくれたことになる。

涙が溢れそうになった。

横浜地検の検事正ともあろう人が、愚かな捜査と公判をやり、さらには身体を壊して使いものにならなくなったヒラ検事のために奔走してくれたのだ。

こうして、僕が佐賀市農協背任事件にかかわって以来、ずっと持ち続けた「絶対にこの捜査の不正を検察庁に知らしめてやる」という願いは叶った。

僕は「これで思い残すことなく検事として死ねる」と感じ、ほっとした。

本来なら言い分を聞いてもらえずに斬首(ざんしゅ)になっていたところを、これ以上ない配慮のおかげでかろうじて切腹にしてもらえたと思うと、「介錯(かいしゃく)」をしてくれた検事正にはどんなに感謝しても足りないと思っている。


十二月二十八日。

朝早くに横浜地検に登庁した。

思えば十二年前の四月、新任検事として初登庁したのもここだった。

検事としての死に場所も同じ場所になるとは、横浜地検に何かしらの因縁を感じた。

背広にバッジをつけて登庁したが、事務官から「それではバッジをお預かりします」と言われたので、ためらいなくバッジをはずして手渡した。

検察庁から貸与されているので、辞職するときは返さないといけないのだ。

バッジを返したことにはなんの感慨も湧(わ)かなかった。

検事としては佐賀地検で燃え尽きていた。だから返納しても去来する思いが何もなかったのだろう。

その後、最後のあいさつをするために検事正室に入った。

検事正は机の前に立ち「処分は処分だからな」と前置きすると、書面に書かれた「厳重注意」を読み上げ、この書面を僕に手渡した。

この書面は今でも大切に（と言うのも変だが）保管している。

本書を書くにあたり七年ぶりに引っ張り出してきたので、次頁に全文を引用する（なお、関係者の名前は伏せた）。

こうして「暴言検事」市川寛は死んだ。

職責について
（監督措置）

所属　横浜地方検察庁小田原支部
官職　検事
氏名　市川　寛

貴職の、下記事実について、法務省職員の訓告等に関する訓令により厳重注意する。
今後は、かかることのないよう十分注意されたい。

記

検事市川寛は、平成１２年４月１日から同１３年１１月２９日までの間、佐賀地方検察庁三席検事として、同地方検察庁の所在地を管轄する事件の捜査処理等の職務に従事していたものであるが、同１３年３月〇日、勾留中の背任事件被疑者〇〇を、佐賀市所在の佐賀少年刑務所において取り調べるに当たり、同人に対し、「ふざけんなこの野郎、ぶっ殺すぞ、お前」などと申し向けて、検察官として極めて不適切な行為を行い、もって、検察官の職務に対する国民の信頼を失墜させたものである。

平成１７年１２月２８日

横浜地方検察庁検事正〇〇

第七章　償い

日陰者弁護士

二〇〇七年五月二十二日。

僕は東京弁護士会に弁護士登録をした。

読者は「『暴言検事』の分際で弁護士になったとはどういうことだ」と立腹していることだろう。そうした批判も、生涯受け止めて生きていく。

一つだけ述べておくと、僕は日本弁護士連合会の「資格審査」（その人を弁護士登録させていいかを審査するもの）にかけられた。霞が関にある弁護士会館の大きな会議室に呼ばれて、全国から集まってきた日弁連の資格審査委員からこってりしぼられた。

暴言検事が弁護士になろうなんて盗人猛々しいということだ。

この場でも佐賀市農協背任事件の捜査の実態については一言も発さなかった。発言すればそれこそ「暴言検事が何を言い訳しているんだ」ととがめられ、僕は弁護士になれなかったと思う。

たとえ真実であっても、僕のような悪党の言葉は信じてもらえないのだ。

この経験は現在の刑事弁護活動に生きている。

罪を犯して逮捕されたり起訴された者は初めから悪党扱いされるが、そのような人々がなぜ罪を犯したかについての切実な思いを少しでも裁判所にわかってもらえるように、日々努めているつもりだ。

弁護士になった後の僕は、佐賀市農協背任事件の影におびえる生活をしていた。今でもそうだが、インターネットで「検事市川寛」と検索するとあっという間に僕の悪行がずらりと画面に並ぶ。

名刺を渡すときはいつも「検事時代の悪事がばれて仕事を断られるのではないか」と不安でならなかった。親しげに話をしてくれる依頼者に接しても「この人は本当は俺の素性を知っているのではないだろうか」という疑念がつきまとった。

悪いことをしたのだからしようがないのだが、弁護士になった後も気が休まるときがなかった。好きこのんで自分の名前を検索はしなかったが、「佐賀」や「市川」という文字を見かけるたびに、びくびくした。「あの市川元検事が弁護士をしている」という非難めいた文章を目にしたことも幾度かある。

検事時代、数え切れぬほど犯罪者の処罰を求めてきた僕だったが、似た立場に身を置いてみて初めて「人間は一度罪を犯したらおしまいなんだ」と思い知った。罪を犯していない人を、万が一にも罪人のごとくに逮捕したり起訴することは、絶対に許されない大罪だということも痛いほどわかった。

僕は弁護士の仕事を身につける努力をする一方で、「とにかく目立ったことをしてはいけない」と肝に銘じていた。

何かのはずみで大きな事件でも手がけてマスコミに名を知られたとしたら「あの元暴言検事が……」と書き立てられるだろう。地下へ地下へともぐり込んでいくような気持ちで仕事をしていた。もしも騒がれたら、それだけで日弁連から叱責（しっせき）されて、せっかくもらった弁護士バッジを返上しなければならないのではないかと心配だった。

僕は、いつも日陰を探し求めていた。

これが自分が犯した大罪の報いなんだとはわかっていても辛（つら）かった。

二〇一〇年九月二十一日。

反省しない組織・検察庁

それまでひたすら目立たないように生きてきた僕が、あえて世の中に出ていくきっかけとなる大事件が起きた。

厚生労働省元局長に関する虚偽有印公文書作成罪などの事件は完全無罪となっていたが、なんと同事件の主任・大阪地検特捜部の前田恒彦検事が証拠物のフロッピーディスクのデータを改竄していたとして最高検察庁に逮捕されたのだ。

関係者を取り調べた検事たちが法廷で「取調べの際に作ったメモは自分の判断で廃棄した」と証言したとの報道に接したとき「そんなばかなことがあるか。公判で争われると予想される事件の取調べメモを捨てる検事がどこにいる」と思い、元局長は無罪になるだろうと思っていた。

ちなみに、僕は組合長さんを取り調べたとき、こまぎれの調書はとったが、メモは作らなかった。メモを作成せねばならないほどの詳しい供述を引き出せなかったからだ。

それはともあれ、まさか主任が証拠物を改竄して逮捕されるとは夢にも思わなかった。

前田検事の逮捕を知ったとき「なんてことをしてくれたんだ」と愕然とした。

愕然としたのには二つの理由があった。

一つは「とうとう特捜部までもがこんな悪事を働いてしまったのか」という義憤だった。

佐賀市農協背任事件の捜査はしょせんは僕という未熟な検事が主任となっての「特捜部ごっこ」にすぎなかったが、天下の特捜部が証拠をでっちあげたと知って「いい加減にしろ」と憤(いきどお)ったのだ。

もう一つ。実はこちらの方が大きかった。

「また検察庁の不祥事だ。しかも今度は特捜部だ。これでまた俺の事件が蒸し返される」

これまで述べてきたとおり、農協事件はこれ以上ないほどのぶざまな独自捜査事件だった。

その後なんとか弁護士になることを許され、それなりの時を経たためにほとぼりは冷めつつあると思っていた。

大阪地検特捜部のおかげで「過去の検事の不祥事の一つ」として農協事件に言及されるに違いないと思うと、気が遠くなった。

「今度あんな突撃取材をやられたら依頼者からそっぽを向かれてしまう。仕事ができなくなるじゃないか」と途方に暮れた。

僕が検事を辞めた後、富山県のいわゆる氷見事件、鹿児島県のいわゆる志布志事件、栃木県のいわゆる足利事件が無罪（再審も含む）になり、検察庁の愚行がつぎつぎと暴かれていった。

これらには警察もかかわっていたが、検察庁が証拠を隠そうとしたり、往生際悪く抵抗して、無罪判決から逃げ回っていたところは、農協事件と変わりがない。

僕は、二〇〇七年八月四日の朝日新聞のインターネット版の記事を読んで、氷見事件や志布志事件の無罪判決を受けた最高検が、各地の地検に問題のある無罪事件の報告を求め、組織上の問題を改善するためのプロジェクトチームを作ったのを知っていた。

このとき佐賀地検が農協事件を取り上げ「基礎捜査が不十分な中で、農協トップの元組合長を逮捕した問題がある」と報告したことも知っていた。

多くの問題事件について情報を集め、プロジェクトチームまで設けたのに、看板たる特捜部が特大級の過ちを犯してしまったのだ。

僕に批判する資格がないのは百も承知で言うが、検察庁は農協事件のぶざまな捜査についての報告を受けていたのだ。そこから学ぶものはいくらでもあっただろう。

にもかかわらず、どうして証拠物を改竄してまで冤罪をでっちあげたのか。

検察庁は何も反省していない。そもそも反省しようとする姿勢がない。

僕はそう確信した。

テレビ朝日「ザ・スクープスペシャル」

二〇一〇年十月下旬のことだった。

事務所に電話がかかってきた。電話の主はテレビ朝日「ザ・スクープスペシャル」のディレクターだった。

「とうとう来たか」。これが最初の思いだった。

ディレクターは案の定「佐賀市農協背任事件のことについてお話をうかがいたいのですが」と切り出してきた。

「まいったな」と思った。だが、突撃取材でなかったので多少は落ち着いていたことと、かつてのように「その件についてはお答えできません」と言って電話を切ったところで、事務所を知られているからには今後も電話をかけてくるだろうと思い、話を聞いてみた。

すると驚くべきことがわかった。

ディレクターが言うには、組合長さんが二月に亡くなったというのだ。

組合長さんのことを忘れた日がなかったと言えば嘘になる。それでも、季節の変わり目などに、ふと「今ごろはどうされているのだろうか」と思い出してはいた。

「人生を変えた検事をずっと恨んでおられるのだろう」と思うと、当然であるとはいえ、気が重くなった。

その組合長さんが亡くなったと聞いて、僕は思わず「えっ？　そうなんですか？」と声を上げた。

これではとても電話を切れない。

ディレクターはさらにそれまでの取材について話した後「一度お会いしてお話を聞かせていただけませんか」と持ちかけてきた。

電話口で考え込んでしまった。

「元暴言検事」という素性をひた隠しにして弁護士をやってきた。

せっかくここまで日陰を選んで歩いてきたのに、わざわざ世間から石を投げられるために取材に応じるのは愚かだと思った。

だが、僕の知る事実が切り捨てられたままで番組が作られたら、農協事件の捜査の実態は二度と世間に知られることなく、そのまま全てが封印されてしまうだろう。

「元暴言検事」という烙印は生涯消えないとしても、僕が「それも真実だが、それだけが全てではない」と言っても罰は当たらないのではないかと思った。

捜査の真実を世に問うたならば、改めて世間から糾弾されるかもしれない。いや、「弁護士になれたのをいいことに言い訳をしている」となじられるのはほぼ確実だろう。

しかし、ここまでに至ったからには僕にはもう失うものは何もない。「暴言検事が言い訳をしに、しゃしゃり出てきた」となじられようが、これより深い谷に落ちることはない。どん底まで落ちたら、あとは這い上がるだけだ。

僕の「母校」である検察庁がここまでおかしくなっているのを座視するのも忍びない。

電話口で気持ちがあちこちに揺れたが、最後は意を決して「わかりました。ではお会いしましょう」と答えた。

僕が「ザ・スクープスペシャル」の取材を受け、「元暴言検事」として見苦しくもテレビに出演したのはこのような思いがあってのことだった。

ご家族への謝罪

ディレクターと会って佐賀市農協背任事件について話をするうち、心にまた迷いが生まれた。「やっぱり言い訳になると思うんですよ」。ある日の打ち合わせで、僕はディレクターにそう呟いた。

客観的に見れば、組合長さんの起訴の決定打は、僕が取調べで暴言を吐いて脅し、「自白調書」をとったことだ。もし「ぶっ殺すぞ」とまで追いこまなければ、組合長さんは僕の言いなりにはならず、「自白調書」は作れなかったと思う。

否認調書をとったところで、検事正と次席はかまわず「起訴しろ」と命じたと思うが、起訴当日の記者会見で次席は「組合長は事実を認めている」と発言できなかっただろうから、社会的なダメージはいくらか減ったのではないだろうか。

考えてゆくと、捜査の実態をあれこれ話したところで、やはり「暴言検事の言い訳」にしかならないと思ったのだ。

いったんは腹をくくったが、袋叩きに遭うだけならば、たとえ真実だろうが黙っている方がましではないかとおじ気づいた。

するとディレクターが「そんなことはありません。ならば、いっそのこと息子さんに謝りに行けばいいんですよ」と言い出した。

思いもよらぬ提案だった。

組合長さんに大変申し訳ないことをしたと反省していたが、さりとて「謝ってすむことではない」とも思いながらそれまでの十年を過ごしていた。暴言を吐き、起訴してさらに公判を続けた。この事実についてはどんなに詫(わ)びても覆(くつがえ)るものではない。けっして居直りの意味ではなく、「この問題がそんな簡単なことではすむものか」という思いでいたのだ。

ところが、ディレクターは「私は今まで市川さんのお話を聞いてきて思うのですが、市川さんの今の気持ちを伝えることができれば息子さんもきっとわかってくれると思いますよ」と踏み込んできた。

その言葉にも十分な重みを感じた。

謝ってどうなるものでもないとしても、ご家族にしてみれば、僕がきちんと謝罪することに何かしらの意味を見出(みいだ)そうとして、待っていて下さるかもしれない。

僕の心はまた揺れた。

足利事件で再審無罪になった菅家(すがや)利和(としかず)さんが「検察庁の幹部に謝ってもらっても意

味がない。起訴した検事に謝ってもらいたい」と訴えていた件も思い出した。

謝罪が組合長さんのご家族に対してほんのわずかでも償いになるのなら、ひとりの人間としてそれを行わなければならない。

僕はディレクターの提案を受け入れ、ご家族に謝罪に出向くことに決めた。


二〇一一年四月十九日。

久しぶりに佐賀空港に降り立った。

空港からバスで佐賀市内に向かう間、僕はバスの窓から周りの景色を眺めた。

うららかな春の景色だったが、気持ちは滅(めい)入っていた。

決心して臨んではいたが、組合長さんのご家族から「今ごろになってどの面(つら)さげて来たんだ」となじられるだろうと思うと、とても「帰ってきた」という気分にはなれない。

翌日にご自宅に伺う予定だったので、この日は佐賀の街をあてもなく歩き回った。

佐賀地検と佐賀地裁の前にも行ってみた。どちらも見たところ何も変わっていなかったが、僕の脳裏には当時がまざまざと浮かび、胸が苦しくなった。

翌二十日、ディレクターたちと共に車で組合長さんのご自宅を訪ねた。

家が近づいてくるとすぐにそれだとわかった。ちょうど十年前、逮捕するために来て以来だったが、組合長さんの家の佇(たたず)まいを覚えていた。

僕はご自宅の引き戸を開け、迎えに出てこられた息子さんに頭を下げて「市川でございます」とあいさつをした。

息子さんは険しい表情ながら「おあがりください」と促してくれた。

「仏様にごあいさつをしてもよろしいでしょうか」と申し出た。

息子さんは「どうぞ」と答え、僕が線香を上げようとすると、組合長さんの小さな写真を目の前に置いた。

線香に火をともすとき、僕の手はぶるぶると震えた。緊張によるものなのか、別の感情によるものなのか、自分でもわからなかった。

写真に向かって土下座した。「長い間お詫びに上がらず申し訳ありませんでした。どうかお許しください」と心の中で詫びた。組合長さんの写真に目をやると、僕を眼光鋭く見すえて真意を見極めようとしているような表情に見えた。

仏様へのあいさつを終え、「どうかお納めください」と手みやげを差し出すと、息子さんは「ありがとうございます」と言って受け取って下さった。

その後、姿勢を正して息子さんと奥様に向き直り「お父様をはじめ、ご家族の方々にも大変なご迷惑をおかけしました。申し訳ありませんでした」と詫びながら、改めて土下座をした。

しょせんディレクターをはじめとする「ザ・スクープスペシャル」の関係者のお膳立てに甘えたものにすぎない。

それでも僕は、不当逮捕から十年を経て、はなはだ遅まきながらもご家族に直接に詫びることで、ほんのいくばくかでも罪滅ぼしが出来ればと思っていた。

息子さんはしばらく経つと「どうぞ、お顔を上げてください」と言った。

この後、僕は奥様が見守る前で、息子さんと三、四時間話をした。

テレビカメラがずっと撮影していたが、いつの間にかまったく気にならなくなっていた。

あまりにもたくさんのことを話したので、今となってはその全部は思い出せない。

印象に残っているのは、息子さんが「私はあなたのことを殺してやろうとずっと思っていました」と語ったことだ。

当たり前だと思う。だから僕は「そうでしょうね……」と即答した。

もし僕が彼の立場だったら、スタッフたちに撮影を止めさせて、目の前にいるばか検事を殴る蹴るの目に遭わせたと思う。

実際に、「腕の一本や二本は折られるだろう」と覚悟していたのだ。

それこそ浅はかな考えだった。

息子さんはこう続けた。

「でも、そんなことをしても何も意味がないとわかったんです。もう前を向いていかないといけないと思ったんです」

これまでお詫びに上がらなかった自分を激しく責めた。

前を向く。

僕は佐賀市農協背任事件から十年間、一度もこんな気持ちにはなれなかった。自分のしたことをずっと悔やんでおり、ときには上司や検察庁を憎んだ。十年間ずっと後ろ向きで暮らしていた。

組合長さんのご家族も同じ思いを抱いていただろうと思う。こうして安易に想像することさえもはばかられる。

それでも息子さんは「殺してやろう」とまで思った人間に「もう前を向いていく」と言ったのだ。

「父が生きていたとしても、ここに来てくれましたか?」と尋ねられたときは「もちろんです」と答えた。本心だったからだ。

僕には組合長さんの逝去を知る術(すべ)がなかった。

息子さんは僕の返事を聞くと「そうですか」とほんの少し表情をやわらげて下さった。

僕たちが組合長さんのご自宅を訪れたのは昼すぎだったが、気付けば夕方近くになっていた。

話を終える間際に、息子さんは「あなたがこうして来てくれて父の前で謝罪してくれたことで、父も喜んでいると思います。これからは、お互いに前を向いて生きていきましょう」という言葉をかけて下さった。

さらに「冤罪というものが家族にまでどんな思いをさせるのか、よくおわかりになったでしょう。これからは、ぜひ弁護士として冤罪と闘ってください」とまで言って下さった。

隣でずっと話を聞いてくれた奥様も「がんばってください」と声をかけて下さった。

「ありがとうございます」と礼を述べ、「ご家族との約束を必ず果たそう」と誓った。

恥ずかしい限りだが、僕はこのときにようやく自分の進むべき道がわかったのだ。

刑事弁護をやる。

冤罪と闘う。

直接的には組合長さんやそのご家族への償いにはならないけれども、冤罪を作り上げてしまった僕だからこそ、冤罪が降りかかった人たちから直接話を聞いた僕だからこそ、生涯にわたって果たすべき使命があるのだと思った。

この謝罪がご家族にどれほどの安らぎになったのかはわからない。むしろ僕の方を救っていただいたのだ。

「これでもう胸を張って道を歩ける」と解放感にひたったわけではない。自分の罪を十二分に自覚し、それを生涯背負いながら、その償いのために冤罪と闘う使命をもらった。これが「救われた」と感じた意味なのだ。

明治大学シンポジウムへの出席

ご家族に謝罪に伺う前に、たまたま出かけた友人たちの集まりで「健全な法治国家のために声をあげる市民の会」代表の八木啓代（やぎのぶよ）さんと知り合いになった。

同会は、二〇一〇年十一月一日、大阪地検特捜部の前田恒彦元検事による証拠改竄事件に関し、この事件が単なる主任検事だけの犯罪ではなく、まさに「検察庁の組織的問題が生んだ犯罪」であると訴えるため、元検事の特別公務員職権濫用罪による処罰を求め、最高検察庁に告発していた。

御用納め間近の十二月二十四日、最高検はこの告発を嫌疑不十分（検察庁内で、証拠が十分でないときに用いられる）で不起訴にしたが、市民の会は翌年一月十一日、検察審査会に審査の申立てをした。

大阪地検特捜部の事件と佐賀市農協背任事件は、検察庁が描いた都合のいい筋書きに合う証拠だけを当てはめて無理な捜査、公判に突き進み、冤罪を生み出した点において共通している。

そして、それまでの道のりに違いはあっても、僕と前田元検事は、不祥事が表沙汰になると、その責任を問われて検察庁から追放された者同士だ。

検察庁が問題を起こした検事を追放したことで、組織としては何も反省しないで旧態のままであり続けるといった点でも、二つの事件には共通点があった。

「前田元検事を単に証拠隠滅罪のみで処罰したら、大阪地検特捜部、ひいては、検察庁が犯した大きな犯罪の全体像が市民に明らかにならない」

市民の会の告発意図に僕は共鳴した。地獄を見た人間だからこそ、大いにうなずけるところがあったのだ。こんな自分だからこそ何かの役に立てるのではないかと思い、八木さんに自分は「元暴言検事」であると告白して、市民の会の会員になった。ただし八木さんの計らいで会の中では匿名(とくめい)の扱いにしてもらった。

間もなく実名、顔出しでテレビに出演の予定があることを説明すると「ちょうど市民の会の協力で、検察問題についてのシンポジウムを開くことになっているので出ませんか」と誘われた。

ここではたと立ち止まってしまった。

「ザ・スクープスペシャル」は全国ネットの番組だから、これに実名、顔出しで出たらそれなりの反響はあるだろう。僕に対する厳しい批判も届くはずだ。それはとっくに覚悟していたし、それでもなお佐賀市農協背任事件の真実を伝えるのが自分の務めだと思って取材に協力していた。

だが、その上でさらに公開のシンポジウムに出席するとなると、いくらなんでも調子に乗りすぎではないか。

そもそも僕は罪人(つみびと)なのだ。

そんな人間にシンポジウムの席上で意見を述べる資格があるのか。それこそずっと恐れてきた「言い訳だ」という非難を浴びるためだけに出ることにならないか。

なかなか結論は出せなかった。

悩んでいたさなかの四月二十八日、市民の会の申立てに対し、検察審査会は「不起訴相当」の議決をした。

この議決書を読んで、またもや怒りにうち震えた。

最高検の不起訴処分が不当だということをていねいに訴えていた申立てに対し、議決はまるで答えていなかった。

刑事にせよ民事にせよ、訴えに答えない判決などない。つまり判決書を読めば、刑事でも民事でも、何が訴えられたのかは第三者にも自ずとわかるはずなのだ。

ところが、議決書をいくら読んでも申立ての中身がまったく浮かび上がってこない。

議決書は、最高検が二〇一〇年十二月に発表した「いわゆる厚労省元局長無罪事件における捜査・公判活動の問題点等について」と題する報告書の論法や文章を丸写ししたと表現しても過言ではないずさんなものだった。審査員には失礼だが、この議決書は申立ての前からできていたのではないかとさえ疑いたくなった。

検察審査会と検察庁が、現在、どのような関係にあるのかはわからないが、こんな代物を世間に平気で出してこの件を片づけようとしている検察庁が許せなかった。

大阪地検特捜部の不祥事は、佐賀市農協背任事件から十年後に起きた。

この十年の間に、農協事件やその他のぶざまな無罪事件を材料に、襟を正すことができたはずなのだ。組織として何も行わなかったために、とうとう懐刀たる特捜部が、前代未聞の不祥事を起こしてしまった。

その上、臭い物には蓋とばかりに急いで事をおさめようとしているのだ。

黙って見すごしたら、検察庁は未来永劫変わらない。

検察庁が始まって以来最大の逆風が吹いている。このときを逃したら正常化されるチャンスは二度とめぐってこないだろう。

ならば今こそ、僕の知っている検察庁について人前で話すべきではないか。こう考えてシンポジウムへの出席を決めた。

二〇一一年五月二十三日。

僕は明治大学（東京都千代田区）で行われた「検察、世論、冤罪」というシンポジウムにパネリストの一人として出席し、本書で述べてきたことの一部を話した。

ジャーナリストの岩上安身さんを司会として、「検察の在り方検討会議」の委員も務めた郷原信郎弁護士、元最高検察庁アドバイザーの山下幸夫弁護士、「週刊朝日」元編集長の山口一臣さん、「市民の会」の八木さんがパネリストとして登壇し、検察庁やジャーナリズムなどが抱える問題について、日本のみならず世界的な視点も踏まえて、それぞれが熱のこもった話をした。

論客に混じって、どこの馬の骨ともわからない男が高い壇上から話をするのは気が引けたが、「今の俺の守備範囲は、俺の知っている検察庁について話すことだ」と気合いを入れて、いくつかのエピソードについて話した。

恐怖感と緊張感でマイクを持つ手が震えた。

このシンポジウムはインターネットでも生中継されたが、僕の告白にはそれなりに反響があったようだ。

何より、同じパネリストたちが、僕の話に驚きを隠せずにいたのが印象的だった。意を決して出たかいがあったと思った。

同年十二月、いわゆる陸山会事件に際して、東京地検特捜部の検事が、取調べの際に被疑者が供述しなかったことを、さも供述したかのように記載した捜査報告書を作成したことが法廷で明らかにされ、検察庁の組織的な歪(ゆが)みがいっそうあらわになった。

大阪だけでなく、東京地検特捜部でもとてつもない悪事が行われていたことが白日の下にさらされたのだ。

僕はこれからも僕の知っている検察庁についての真実を伝えていくつもりだ。

恨みからではない。それが検察庁を少しでも良くすることにつながるはずだと、僕は信じている。

弁護士市川寛のいま

昨日は夕方に突然刑事弁護事件の依頼を受けたため、夕食もとらずに急いで警察署に駆けつけ、逮捕されたばかりの被疑者と接見した。大変な事件だ。検事とどうわたり合うかにつき、よくよく考えておかないといけない。

「俺が検事ならこうする」と予想した上で、さらにもう一手、いや二手先を読まなければ被疑者は救えない。

事件が新しく入ったので、またもやスケジュール調整だ。僕を待っている被疑者、被告人がほかにもいる。今日は午前中に一か所、午後になんとかもう一か所の警察署に接見に行かなければ。

検事時代は検察庁でふんぞり返っていれば相手がこちらに来てくれたが、弁護士となったからには、被疑者、被告人が勾留（こうりゅう）されている留置場や拘置所を駆け回る必要がある。

だが、駆け回ったからこそ聞ける真実がある。

何よりも「先生とお話しできただけでもだいぶ気が楽になりました」と微笑んでくれる人々がいる。むろん、それだけで満足しているわけではない。

それでも、検事時代に多くは感じられなかった心と心のつながりがここにはあると思う。たとえプラスチックの窓ごしであっても。

検事時代はまず経験したことがなかったが、弁護士になってから被疑者、被告人から手紙をもらうことが増えた。

残念な判決を受けてしまった人からもお礼の手紙が届く。

そんな手紙を読むときは「力になれなかった」と申し訳なく思うけれども、心をこめて一文字一文字を書いてくれたであろう「本当によくしていただきました」という文を目にするたび、刑事弁護をやっていてよかったと思う。

しかし、刑事弁護士としての本当の闘いはこれからだ。

どこかに埋もれているかもしれない冤罪、あるいはこれから誰かが濡れ衣として着せられてしまうかもしれない冤罪を必ず晴らす。

そのときのために、僕は今日も警察署を駆けめぐる。それが弁護士市川寛の生涯の守備範囲なのだ。

もし検察庁に卒業生名簿があるとしたら、そこに僕の名前は載っていないだろう。ともあろうに被疑者の取調べで「ぶっ殺すぞ」と暴言を吐き、さらには起訴してはならないと知りながら起訴状に署名し、その公判を続けた罪人だ。そんな僕がOBとして認めてもらえるはずがない。

だが、こんな僕にとっても検察庁は愛しい母校だ。

だからこそ、検事諸君や検事を目指している人々に、一つだけ言っておきたい。

「自己の良心に反する処分は、絶対にしてはならない」

僕は検事生活で良心を抑え、上司や先輩の命に従ってきた。被疑者が一言も口にしていない言葉を勝手に調書にとって署名させる。不起訴にすべきではないかと思いながら起訴する。無罪なのではないかと勘づいていながら、それでも延々と悪あがき公判を続ける。

そして、その極めつきが佐賀市農協背任事件だった。

そもそも僕は被疑者を怒鳴りつけたくて、あるいはめったやたらに起訴したくて、検事になったのではない。ところが、心中では「おかしいのではないか」と思いながらも、上司や先輩の「これが検事というものだ」という、いわば「物はこうやって上から下に落ちるのだ」と言わんばかりの指示や助言を耳にするたび、「ああ、そうですか」と、いとも簡単に良心をかなぐり捨ててきた。

むろん、「それはおかしいのではないですか」と問いたいときもあった。

だが、僕がいた検察庁ではこれだけで上司や先輩を説得することはできなかった。いや、正確に言うと、僕という検事に説得する力がなかったのだ。

「おかしいものはおかしいです」と抵抗できたなら、守ることができたものはいくらでもあった。僕が「おかしいものはおかしい」「ダメなものはダメ」とまで突っ張って自分の良心を貫けなかったのは、結局は僕の良心自体がその程度のものだったからだとも思う。

僕はそもそも検事になってはならない人間だったのだ。

十二年九か月間の間に、司法試験受験生時代に抱いていた検事としての理想を少しずつ失ってしまった。決裁や控訴審議での苦しみから逃れたい一心で、良心をけずり捨てていったのだ。

その報いが佐賀市農協背任事件主任の折に、一挙に降りかかったのだろうと思う。

僕は検事失格だ。

それでも検事諸君と検事を目指す人々に声を大にして言いたい。

絶対に自分の良心を裏切る処分をしてはいけない。

ほんの少しの妥協がじわじわと良心をむしばみ、冤罪を生み出し、やがては自らの心身を引き裂くことになる。

検察庁は「犯罪者製造機」ではない。いわんや「冤罪製造機」であってはならない。

検事諸君なら、当然わかっているはずだ。

では、そんな良心を有するプロの集団が、なぜいつまでもいつまでも同じ過ちを繰り返すのか？

無罪判決を読むと、決まって、無理な自白、無罪に傾く証拠の無視または見落としといった、同じミスばかり起こしている。

無罪の文字が新聞に躍ると、時として誰かが責任を問われて処分される。あるいは検察庁から追放されて、そもそもいなかったことにされる。僕は「いなかった検事」

にされて当然だが、僕のような罪人を駆除してもなお、検察庁で同じ過ちが繰り返されるのは異常だ。

検察庁は、なぜ、検事たちの良心をすり減らさせ、あるいは奪い取っていくのだろう。検事たちは、なぜ、バッジを初めてつけたときに抱いていた良心をすり減らし、あるいは検察庁に売り渡してしまうのだろうか。

僕の検事生活を克明に記すことによって、こうした問いを解く手がかりの一つをみなさんに提供したかった。

本書で述べたことのほとんどは、弱い人間の特異な経験に感じられたかもしれない。しかし、僕が弱虫検事だったとしても、その良心をけずっていった上司や先輩たちの一言一言は、全て真実だ。

検事諸君には、かつて僕が置かれた立場に身を置くことになっても、良心を貫いてもらいたい。検事を目指す皆さんは、僕が置かれた立場になっても貫ける良心を若き日より培ってもらいたい。

検事が良心を失わずにプロとして振る舞うことができるようになれば、検察庁という組織はきっと良くなると信じる。

最後に、僕の謝罪を聞いて下さったばかりでなく、弁護士として前に進めと温かい言葉をかけて下さった副島健一郎さん(なお、僕が作り出した佐賀市農協背任事件という冤罪が被疑者・被告人の方々だけでなく、そのご家族にまでどれほどに苦痛を与えたかについて、健一郎さんの著書『いつか春が』をぜひお読みいただきたい)、副島さんへの謝罪の機会を作って下さったテレビ朝日「ザ・スクープスペシャル」ディレクターの井手康行さんと報道キャスターの長野智子さん、編集者をご紹介下さり、出版の機会を作って下さった弁護士の郷原信郎さん、本書のタイトルを考えて下さったジャーナリストの岩上安身さん、執筆中、筆が鈍りがちな僕を励まし、ご指導して下さった作家の八木啓代さんと明治大学情報コミュニケーション学部教授の江下雅之さん、明治大学でのシンポジウム後に僕を取材して、僕の検事生活についてさらに考えを深めるきっかけを下さった方々、出版に奔走して下さった毎日新聞社出版局の小川和久さんのお力添えなくしてこの本はできなかった。

みなさまに心から御礼を申し上げる。

二〇一二年二月

市川 寛

文庫版に寄せて

その後の検察庁

二〇一四年三月二十七日、静岡地方裁判所はいわゆる袴田(はかまだ)事件の再審開始を決定したが、その判断の中で、有罪判決の決定的な証拠となった「犯行」の際に、袴田巖(いわお)さんが着ていたとされた衣服が捏造(ねつぞう)された疑いがあると指摘した。

検察庁は決定を不服として東京高等裁判所に即時抗告したが、即時抗告審で、これらの衣服を撮影した写真のネガが「再審開始決定後に発見された」と主張した。このネガは、そもそも弁護団が検察庁に開示を求め続けていたものだが、検察庁は「存在しない」と回答していたのであった。

弁護団は、「検察庁が証拠隠しをしていた」と厳しく批判した。

検察庁による証拠隠しについては、これまで多くの裁判の過程で弁護人から指摘されてきた。近時、弁護士、研究者、ジャーナリストたちは「検察官が持っている全ての証拠を弁護人に開示する『証拠の全面開示制度』を作るべきだ」と強く訴えている。

検事時代、手持ち証拠の全てを弁護人に開示して公判に臨んだことは一度もなかった。むしろ、上司や先輩から「弁護人にはできるだけ証拠を見せないように」と教わったくらいだ。

その理由は「うるさ型の弁護人に少しでも被告人に有利な方向の証拠を開示すると、わずかな証拠につき針小棒大に騒がれて公判が混乱し、果ては裁判官までが弁護人の勢いに気圧されて、有罪であっても無罪とされかねないから」というものだった。

捜査を深めれば深めるほど、被疑者に不利な方向の証拠とともに有利な方向のそれも集まるのが常である。不利な方向の証拠しか集まらないのは、捜査する側が偏見を持っているからであり、被疑者の弁解に耳を傾けていないことの証といってもいい。

もっとも、検事は、仮に有利な方向の証拠があっても、ほかの証拠によってその信用性を否定できたり、証拠自体の信用性が乏しかったり、という状況に鑑み、総合的な判断を行った上で起訴している。けっして「被疑者に有利な方向の証拠より不利な方向の証拠が多いから」といった理由で起訴することはしない。しかし、検事とて人間であり、誤った判断をする可能性は充分にある。

もし、検事が弁護人にも裁判官にも被告人に有利な方向の証拠を一切見せなければ、その「総合的な判断」が間違っているかどうかを外から確かめることはできない。

それでも僕は「弁護人に変な証拠を見せると有罪のはずの事件が無罪になってしまうかもしれないから見せるな」と教わってきたのである。その背景には、検察官が弁護人を蔑視したり、過度に敵視しているという事情があると思う。

僕自身、検事時代は刑事弁護活動に熱心な「うるさ型」の弁護士をうとましく思っていた。理性のレベルでは「弁護人は被疑者・被告人を守り抜くのが職務だ」とわかっていても、法廷でむやみに反論されると「有罪はわかりきっているのに、この弁護人は何をやっているんだ」という感情がわき上がった。その根底には「もしも無罪や認定落ちといった問題判決が出たら面倒だ」という、後ろ向きの思いがあったのはいうまでもない。

公判は、検事と弁護人が証拠に基づいて真っ向から主張を闘わせ、裁判官がこれを吟味することによって真実を浮かび上がらせる場所である。

にもかかわらず、検事は証拠を独り占めした上で、「弁護人は被告人の弁解を鵜呑みにしているだけだから、有罪のはずの事件なのに愚かしくも無罪の主張をしているのだ」と高を括るか、「弁護人はどういうわけか国家権力が嫌いだから、検事のやることなすことに文句を言っているだけだ」と決めつけているのである。

その上で、「弁護人に少しでも被告人に有利な方向の証拠を見せると大騒ぎをされ、裁判官までが間違って無罪にしてしまう」と考えているのであれば、裁判官の証拠を見る力を疑い、彼らを愚弄していることになる。

正論を述べれば、検事と裁判官、弁護士は同じ司法試験に合格した法律家なのだから、もし手持ち証拠を本当に「総合的に判断」したのなら、同じ証拠を見た弁護人や裁判官も同じ判断になっていいはずである（もっとも、弁護人は被疑者・被告人を守り抜く立場にあるので、常に検事と同じ判断をしていいことにはならないが）。さらに言うと、被告人に有利な方向の証拠も公平な視点で吟味した上で自信たっぷりに起訴をしたのならば、こうした証拠を弁護人や裁判官にも正々堂々と見せるべきだろう。

僕は、取調べの全面可視化と同様に、検事の手持ち証拠の全面開示も制度化されるべきだと思っている。

取調べの全面可視化と証拠の全面開示はブラック・ボックスの蓋を開けるという意味で共通の課題である。取調べの全面可視化の実現によって、僕がやったような違法な取調べがなくなり、検事の取調べ能力は向上するだろう。そして、証拠の全面開示の実現によって、検事は誰に対しても後ろめたいところのない、自信に満ちた捜査や判断ができるようになるだろうと考えている。
冤罪防止策の整備は、無実の人々だけでなく、検察庁をも救うのではないだろうか。

　ところで、もし僕が順調に検事の道を進んでいたら、そろそろ現場を離れて決裁をする立場になっている頃である。実際に、最近は同期や近い後輩も決裁を行っているようだ。

　聞こえてくるところによると、未だに若い検事をただただいじめるだけのような決裁をする者もいるらしい。やたらに怒鳴り散らしたり、一言注意すればすぐに直せる些細なミスを延々と問い詰めるような上司である。

　このように若い検事をつぶしかねない決裁をする者は、おそらく自分自身が若い頃に同じような決裁を受けており、「厳しい決裁を受けたおかげで成長できた」と思っているふしがある。大阪地検在籍時に、同期の一人から「怒鳴られてばかりの決裁だったが、ああいう決裁をしてもらって鍛えられた」という言葉を聞いたことがあるからだ。僕自身は唖然としたが、能力のある者や心が強い者ならば、恫喝まがいの決裁を受けてもすくすくと伸びていくだろうから、こうした決裁を肯定する人間がいるのはやむを得ないだろう。

問題は「自分が成長できたと感じている指導方法だとしても、自分とは異なるタイプの後輩に同じ方法によって接するべきかどうか」である。

被疑者から常に自白を得てきた人間が上司になれば、「おれはいつも割ってきたのに、どうしてお前は割れないんだ」と部下を責めるかもしれない。有罪方向の証拠が乏しい事件でも、筋を見極めて起訴して有罪判決を得た経験を積んだ検事が上司になれば、「どうしてお前はすぐに不起訴にしようとするんだ」と責めるかもしれない。

責められた部下が力をつけ、屋台骨を支えてくれる人材に育ってくれればいいが、心身を壊して辞めてしまったならば、検察庁には「優れた人、強い人」しかいなくなってしまう。

検察庁もひとつの競争社会には違いない。優秀でない検事や心の弱い検事は必要ないと言われればそれまでだが、誰にでもその人なりの「守備範囲」があるはずだ。失敗の多い検事だからこそ理解できる話もあるだろうし、心の弱い検事だからこそ寄り添える被疑者や被害者もいるはずだ。厳しい決裁によって、若い検事が身体(からだ)を壊したり辞めたりしてしまったとしたら、そんな検事を必要としたはずの被疑者や被害者は一体誰が救えるのだろうか。

検察庁の組織的な問題の一つは「成功体験のある人しか残らない、残れない」ことだと思う。

そういった組織であるために、何らかの理由でとてつもない間違いが起きたときには、「俺たちがこんな間違いをするはずがない」という思いが先に立ち、間違いを素直に認めてその原因を調べたり、原因が明らかになったときにきちんと反省しようとする姿勢が生まれないのではないだろうか。

取調べの全面可視化や証拠の全面開示といった制度の整備とともに、若い検事を大切にするという、組織の運営面の改善も必要だと思う。

進歩的な制度を作ることは検察庁を良くするための必要条件にしかすぎず、十分条件ではない。現場の人間が虐げられているようでは、虐待の最たるものである冤罪を防ぐことはできないだろうし、犯罪者の真の社会復帰を図ることもかなわないだろう。

その後の弁護士市川寛

二〇一四年五月から、東京都内の新しい法律事務所に所属している。

オフィスは、薬物依存者の回復支援をしているNPO法人の中にある。大学の犯罪学ゼミの先輩がこのNPO法人におり、彼からの誘いを受けて事務所に入った。検事を志したのはそのゼミに入ったことがきっかけであり、ゼミの先輩からの誘いが弁護士としての転機になったことにも不思議な縁を感じる。

主な仕事は薬物事件の被疑者や被告人の弁護活動だが、薬物事件以外の弁護をすることもあるし、ときには被害者の依頼を受けて警察や検察庁への告訴や告発に関わったりもする。

僕は、検事時代の経験、それも佐賀地検での過ち(あやま)を経て学んだ二つのことを弁護活動に生かしたいと思って日々働いている。

一つは、「無実の人を救うには、不起訴処分を勝ち取るのが最も近道だ」ということだ。

刑事弁護活動をやっている弁護士は口を揃(そろ)えて「当然だ」と言うだろう。しかし、僕は佐賀地検で起訴してはならない事件を起訴してしまい、さらにその公判まで続けてしまった。主任検事が無罪だと思っていても、検察庁という組織が認めないのだ。

僕はこのことを身をもって知った。

ならば、検事に間違った起訴をさせないことこそが無実の人を救うのだ。

そこで僕は、起訴前の弁護活動に力を入れている。

もう一つは、「もしも罪を犯した人を弁護するときは、その人の言い分をなんとかして検事や裁判官に理解してもらう」ことである。

この本は、僕が検事時代に「なぜあんなひどいことをしたのか」について、その時々の出来事はもちろん、その時点で僕が感じたことを、全力で書いたものだ。大罪であるからこそ、それがどのようにして生み出されたのかを明らかにすることで、何かしらの役に立つはずだと信じて綴った。

犯した罪の事情を語り尽くしたところで、けっして許されはしない。永遠の罪と苦しみを抱いて生きていく立場になったことで、「こんな苦しみは他の人には絶対に味わってもらいたくない」という思いに至った。

罪を犯した者が自らの言い分を語ることで責められてはならない。

僕は、罪を犯した人に精一杯語ってもらうだけでなく、彼らの言い分を語ることで検事や裁判所から責められることのないように、しっかり弁護したいと思っている。

二〇一四年十一月

市川 寛

解説

柚月裕子

デビュー二作目の『最後の証人』という作品で、佐方貞人なるヤメ検の弁護士を登場させた。この小説の眼目は、理不尽な事故で子供を奪われた夫婦の葛藤と復讐にある。プロットの段階で佐方のキャラクターはまだぼんやりしていて、ヘビースモーカーで酒飲みで、服装に無頓着な中年男——その程度の肉づけでしかなかった。仕事に関しては優秀だが私生活はだらしなく、皮肉屋で正義感の強い男。自分で言うのもなんだが、ハードボイルドの世界には掃いて捨てるほどいるタイプである。私のなかで佐方は当初、事件の真相を炙り出す狂言回しに過ぎず、本当の主人公は子供を亡くした高瀬夫妻だ、との思いが強かった。

ところが、小説を書き進める過程で、佐方貞人という人物が俄然、立ち上がってきた。佐方はなぜ検察を辞めたのか。金にもならない刑事事件をなぜ専門に扱っているのか。自問自答を繰り返すうち、佐方の人間性が見えてきた。

「法より人を見ろ」

「人間は誰でも過ちを犯す。一度は過ちだが、二度目はその人間の生き方だ」

こんな台詞を書き連ねているうち、「罪をまっとうに裁く」という佐方の信念が、頭のなかに屹立した。

幸いなことに、『最後の証人』は好評をもって迎えられ、続編が読みたい、という読者からのありがたい言葉も頂戴した。

編集者と相談し、シリーズ第二作は佐方の検事時代を描こうということになった。しかしいざ構想を練ろうとすると、検察や検事について、ほとんどなにも知らないことに気づかされた。刑事訴訟法すらまともに読んだことがない私は、ヤメ検弁護士のエッセイや元検察官の回想録など手に入る限りの資料を集め、片端から読み進めた。悪戦苦闘しつつなんとか佐方貞人の第二作『検事の本懐』を書き上げたのは、二〇一一年九月のことだ。執筆のさなか東日本大震災が起こり、精神的にも肉体的にも極限の状態だったが、望外にもこの作品で文学賞をいただいた。

佐方の第三作に取り掛かる前、前回同様、私は資料本を漁っていた。そんなとき出会ったのが、本書『検事失格』である。

読みはじめた途端、これは佐方シリーズの今後を決定づける第一級の資料になる、と確信した。というのも著者の市川寛氏が、私が作り上げた佐方貞人と同年代だったからだ。キャラクターの覚書では、佐方は一九六七年生まれで第四十四期の司法修習生、という設定であった。市川氏は第四十五期だから、本書で描かれる司法研修所の場所や研修内容はほぼそのまま参考になる。研修所の場所や修習期間などはその後、変更になっているのでこれは本当に助かった。

宝の山を見つけたような気持でマーカーを引き付箋を貼りまくっていた私は、いつしか資料として読んでいる感覚を忘れ、夢中になってこのノンフィクションにのめりこんだ。

徹頭徹尾、真摯な筆致で、行間からひりつくような悔恨と慙愧が、漂ってくる。繰り言のなかには検察組織に対する怨嗟や指弾も見えるが、しかしそれでも、無実の者を起訴し冤罪を作りかけた自身の過ちは、一生背負っていく、という堅い決意が窺えた。

私は小説を書くうえで、説得力というものをなによりも重視するよう、教わった。登場人物の気持ちになって、自分だったらどういう行動をとるかを、とことん突き詰めるよう指導を受けた。

その伝で言うなら、本書には十全の説得力がある。

「検事や裁判官が判断に迷ったとき、犯罪者が世間からできるだけ烙印を押されないような手続きを選ぶことで、その社会復帰を助け、再犯を防ごうという一連の制度」をダイバージョンと呼ぶそうだ。自らの手でダイバージョンを実践したい、という崇高な志を抱いて検察官になった著者が、わずか八年後、被疑者に向かって「ふざけんな、この野郎。ぶっ殺すぞ、お前」と暴言を吐くようになるまでの過程を描いたのが、本書だ。

ここまで著者を変貌(へんぼう)させた検察庁という組織の在り方に、疑問を抱かない読者は皆無だろう。

そもそも、著者を振り回し、独断専行で見立ての甘い独自捜査を指揮した佐賀地検の次席検事だけが、責めを負うべきなのだろうか。主任検事として結果的に矢面に立った著者だけが、糾弾されるべきなのだろうか。

いや、そうではあるまい。本書によれば、司法修習生時代から「できるだけ有罪にする」訓練を積まされ、起訴か不起訴か迷ったら起訴を、自白させられるものなら自白させろ、と〝洗脳〟されるのが検察官だという。「割れ!」「立てろ!」「やくざと外国人に人権はない」「特別公務員暴行陵虐(りょうぎゃく)罪をやるんだよ」と叱咤(しった)され、起訴ロボットのようにひたすら事案を処理していく——著者が自らを「検事失格」と断罪するに至った経緯には、検察庁のこうした組織的〝洗脳教育〟が影響を及ぼしている、と言っても過言ではなかろう。

たしかに、著者が自戒するように、精神的弱さはあったかもしれない。しかし――。

もし自分だったら、と私は考えずにはいられない。人間は誰しも弱い存在である。弱いからこそ、人間なのだと思っている。私だったら著者と同じように、佐賀市農協背任事件で組合長さんを起訴していたかもしれない。三席検事という責任ある立場で、逃げ出すことは不可能に近い。なによりも、組織や後輩たちに迷惑がかかる。

今年（二〇一四年）になって、いわゆる袴田事件の再審決定がなされた。富山県の氷見事件、鹿児島県の志布志事件、栃木県の足利事件――近年、冤罪が証明された事件は枚挙に遑がない。甚だしきは、厚生労働省元局長に関する虚偽有印公文書作成罪で証拠のフロッピーディスクのデータを改ざんした大阪地検特捜部主任検事の事件だろう。

著者が文庫版のあとがきで述べているように、冤罪をなくすためには「証拠の全面開示」と「取調の可視化」が不可欠だと思う。しかしこうした制度は、一朝一夕に変わるものではない。新しいシステムが出来上がるまでは、いままで同様に、検察官ひとりひとりの良心に頼るほかはないのだ。

第六章「『暴言検事』の死」に登場する、当時の横浜地検検事正の処断には、目頭が熱くなった。佐賀市農協背任事件での検察の失態がマスコミで大々的に報道された結果、著者の処遇が最高検と法務省で問題となり、市川氏は暗に辞表を求められる。検事正の前で承諾した著者は、せめて、これまでの経緯を説明させてもらいたい、と申し出る。黙って話を聞いた検事正は、書面に書き残したら、それを最高検に持っていく、と約束する。

検事正は書面を受け取ると、その日のうちに検事総長、次長検事、最高検総務部長、東京高検検事長、法務省人事課長に、コピーした書面を届けているのだ。

この検事正は、本来なら打ち首になるところを、切腹にし、介錯(かいしゃく)までしてくれたのである。

こういう上司も、検察庁には少なからずいる――そのことが、たまらなく嬉(うれ)しい。

佐方シリーズ三作目『検事の死命』で私は、佐方にこう言わせている。上層部に逆らってまで小さな事案にこだわる佐方に、疑義を挟む弁護士への答えだ。

「俺の関心はあいにく、出世や保身にないのでね。関心があるのは、罪をいかにまっとうに裁かせるか、それだけです」

臭い台詞かもしれない。しかしこの言葉には、検察官はかくあるべき、という私なりの、理想が含まれている。

どんな世界でもそうだろうが、組織にいる以上、置かれた立場でしか人は、花を咲かせることはできない。組織や制度に問題があっても、佐方には矜持（きょうじ）をもって信念を貫き、まっとうに罪を裁いてほしい——そう思って私は、これからも検事の物語を紡（つむ）いでいきたい。

著者の市川寛氏は現在、被疑者側の立場に立ち、冤罪のない世の中を実現すべく、弁護士としての活動に勤（いそ）しまれている。

最後になったが、市川氏の今後の活躍を切に願って、筆を置きたい。

（二〇一四年十一月、作家）

この作品は二〇一二年二月毎日新聞社より刊行された。

岡本太郎著
美の呪力
私は幼い時から、「赤」が好きだった。血を思わせる激しい赤が——。恐るべきパワーに溢れた美の聖典が、いま甦った！

太田和彦著
居酒屋百名山
北海道から沖縄まで、日本全国の居酒屋を訪ねて選りすぐったベスト100。居酒屋探求20余年の集大成となる百名店の百物語。

大津秀一著
死ぬときに後悔すること25
死を目前にした末期患者の後悔から「生き方」を学ぶ——。緩和医療医が1000人を超える患者の「やり残したこと」を25に集約。

川又一英著
ヒゲのウヰスキー誕生す
いつの日か、この日本で本物のウイスキーを造る——。〝日本のウイスキーの父〟竹鶴政孝と妻リタの夢と絆を描く。増補新装版。

門田隆将著
なぜ君は絶望と闘えたのか
—本村洋の3300日—
愛する妻子が惨殺された。だが、犯人は少年法に守られている。果たして正義はどこにあるのか。青年の義憤が社会を動かしていく。

河合香織著
セックスボランティア
障害者にも性欲はある。介助の現場で取材を重ねる著者は、彼らの愛と性の多難な実態を目撃する。タブーに挑むルポルタージュ。

梯 久美子著

散るぞ悲しき
―硫黄島総指揮官・栗林忠道―
大宅壮一ノンフィクション賞受賞

地獄の硫黄島で、玉砕を禁じ、生きて一人でも多くの敵を倒せと命じた指揮官の姿を、妻子に宛てた手紙41通を通して描く感涙の記録。

海堂 尊監修

救 命
―東日本大震災、医師たちの奮闘―

あの日、医師たちは何を見、どう行動したのか。個人と職業の間で揺れながら、なすべきことをなした九名の胸を打つドキュメント。

春日真人著

100年の難問はなぜ解けたのか
―天才数学者の光と影―

難攻不落のポアンカレ予想を解きながら、「数学界のノーベル賞」も賞金100万ドルも辞退。失踪した天才の数奇な半生と超難問の謎。

鹿島圭介著

警察庁長官を撃った男

2010年に時効を迎えた国松長官狙撃事件。特捜本部はある男から詳細な自供を得ながら、真相を闇に葬った。極秘捜査の全貌を暴く。

川口淳一郎著

はやぶさ式思考法
―創造的仕事のための24章―

地球に帰還した小惑星探査機「はやぶさ」の奇跡――計画を成功に導いたプロジェクトリーダーが独自の発想法と実践を伝授する!

「銀座百点」編集部編

私 の 銀 座

日本第一号のタウン誌「銀座百点」に、創刊当時より掲載されたエッセイを厳選。著名人60名が綴る、あの日、あの時の銀座。

北　康利著

銀行王　安田善次郎
—陰徳を積む—

みずほフィナンシャルグループ。明治安田生命。損保ジャパン。一代で巨万の富を築き上げた銀行王安田善次郎の破天荒な人生録。

久保田　修著

ひと目で見分ける287種
野鳥ポケット図鑑

この本を持って野鳥観察に行きませんか。精密なイラスト、鳴き声の分類、生息地域を記した分布図。実用性を重視した画期的な一冊。

桑田真澄
平田竹男著

新・野球を学問する

大エースが大学院で学問という武器を得た！　体罰反対、メジャーの真実、WBCの行方も。球界の常識に真っ向から挑む刺激的野球論。

朽木ゆり子著

東洋の至宝を
世界に売った美術商
—ハウス・オブ・ヤマナカ—

十九世紀、欧米の大富豪と超一級の美術品を取引した山中商会は、なぜ歴史の表舞台から姿を消したのか。近代美術史最大の謎に迫る。

久住昌之著

食い意地クン

カレーライスに野蛮人と化し、一杯のラーメンに完結したドラマを感じる。『孤独のグルメ』原作者が描く半径50メートルのグルメ。

国分　拓著

ヤノマミ
大宅壮一ノンフィクション賞受賞

僕たちは深い森の中で、ひたすら耳を澄ました——。アマゾンで、今なお原初の暮らしを営む先住民との150日間もの同居の記録。

最相葉月著

星新一（上・下）

―一〇〇一話をつくった人―

大佛次郎賞・講談社ノンフィクション賞受賞

大企業の御曹司として生まれた少年は、いかにして今なお愛される作家となったのか。知られざる実像を浮かび上がらせる評伝。

佐藤優著

国家の罠

―外務省のラスプーチンと呼ばれて―

毎日出版文化賞特別賞受賞

対ロ外交の最前線を支えた男は、なぜ逮捕されなければならなかったのか？　鈴木宗男事件を巡る「国策捜査」の真相を明かす衝撃作。

佐藤唯行著

アメリカはなぜイスラエルを偏愛するのか

ユダヤ・ロビーは、イスラエルに利益をもたらすため、超大国の国論をいかに傾けていったのか。アメリカを読み解くための必読書！

清水潔著

桶川ストーカー殺人事件　遺言

「詩織は小松と警察に殺されたんです……」悲痛な叫びに答え、ひとりの週刊誌記者が真相を暴いた。事件ノンフィクションの金字塔。

将口泰浩著

キスカ島　奇跡の撤退

―木村昌福中将の生涯―

米軍に「パーフェクトゲーム」と言わしめたキスカ島撤退作戦。5183名の将兵の命を救ったのは海軍兵学校の落ちこぼれだった。

「選択」編集部編

日本の聖域（サンクチュアリ）

この国の中枢を支える26の組織や制度のアンタッチャブルな裏面に迫り、知られざる素顔を暴く。会員制情報誌「選択」の名物連載。

検事失格

新潮文庫　い－120－1

平成二十七年二月一日発行

著者　市川寛

発行者　佐藤隆信

発行所　株式会社新潮社

郵便番号　一六二―八七一一
東京都新宿区矢来町七一
電話　編集部(〇三)三二六六―五四四〇
読者係(〇三)三二六六―五一一一
http://www.shinchosha.co.jp

価格はカバーに表示してあります。

乱丁・落丁本は、ご面倒ですが小社読者係宛ご送付ください。送料小社負担にてお取替えいたします。

印刷・株式会社三秀舎　製本・株式会社大進堂

ISBN978-4-10-126191-1 C0136